Gunter Frank
Maja Storch

Die Mañana-Kompetenz

GUNTER FRANK
MAJA STORCH

DIE MAÑANA-KOMPETENZ

Wer Pausen macht, hat mehr vom Leben

Komplett überarbeitete Neuausgabe – mit Praxistest

PIPER

Mehr über unsere Autorinnen, Autoren und Bücher:
www.piper.de

Inhalte fremder Webseiten, auf die in diesem Buch (etwa durch Links) hingewiesen wird, macht sich der Verlag nicht zu eigen. Eine Haftung dafür übernimmt der Verlag nicht.

MIX
Papier | Fördert gute Waldnutzung
FSC® C083411

PRODUZIERT MIT VERANTWORTUNG

ISBN 978-3-492-06245-9
3. Auflage 2025

www.piper.de
Für einen direkten Kontakt und Fragen zum Produkt wenden Sie sich bitte an: *info@piper.de*
Illustrationen: Martina Frank
Satz: Eberl & Koesel Studio, Kempten
Gesetzt aus der Stone Serif
Litho: Lorenz & Zeller, Inning am Ammersee
Druck und Bindung: CPI books GmbH
Printed in the EU

Inhalt

Vorwort zur Neuausgabe

10 Jahre Mañana-Kompetenz. 10 Jahre, in denen für viele, sogar für ganze Betriebe, Mañana zum geflügelten Wort wurde – ganz in unserem Sinn stehend für: mal lockerlassen und die Dinge entspannt und zielführend angehen. Mañana-Kompetenz wurde allerdings nicht von jedem richtig gedeutet. Ein Buchhändler erzählte uns einmal lachend, wie ein Kunde bei ihm das tolle Marihuana-Buch bestellen wollte. Sicher auch entspannend, aber nicht in unserem Sinn ☺.

Es geht uns nämlich nicht um Narkose, sondern um die Fähigkeit, den eigenen, persönlichen Weg zu Selbstbestimmtheit und Zufriedenheit zu finden – in einer Welt, in der uns sehr vieles davon abhalten kann. Und in den letzten zehn Jahren ist dies ganz bestimmt nicht einfacher geworden. Die persönliche Erreichbarkeit ist um ein Vielfaches leichter geworden, und die Kommunikationsplattformen sind wesentlich raffinierter und vielfältiger. Auch gesellschaftlich hat die Aufgeregtheit zugenommen. Unser Eindruck ist, die Versuche, alles kontrollieren zu wollen, und der gesellschaftliche Druck, jeder Anforderung gerecht zu werden, haben deutlich zugenommen. Besonders der psychische Druck, zu allem die richtige, vorgegebene Haltung einzunehmen und political correct zu sein ist keine einfache Bedingung, um die notwendige Muße für Mañana-Kompetenz zu entfalten; dabei benötigen wir sie so dringend, um unseren eigenen emotionalen Kompass wahrzunehmen. Die Neigung, bei echten wie vermeintlichen Herausforderungen allzu schnell den Krisen- und Panikmodus zu aktivieren, hat sich in den letzten zehn Jahren in der öffentlichen Diskussion fast zu einer Art Dauererregung entwickelt, der man sich bei regelmäßiger Mediennutzung kaum entziehen kann. In der Folge werden die Auseinandersetzungen härter und kompromissloser, ein Zuhören findet oft nicht mehr statt. Doch Angst und Panik sind schlechte Ratgeber, wenn es um komplexe Zusammenhänge geht. Etwas mehr innere Ruhe hilft demgegenüber, die Übersicht zu bewahren, Gemeinsamkeiten zu entdecken und gute Lösungen zu finden.

Kurz: Die Mañana-Kompetenz wird immer wichtiger.

Da in diesen zehn Jahren neue wissenschaftliche Erkenntnisse über die Funktionen unseres vegetativen Nervensystems und die Vorteile entspannter Ruhe gewonnen wurden, ist es uns eine Freude, Ihnen eine grundlegend überarbeitete Neuausgabe unseres Buches über die Mañana-Kompetenz vorstellen zu dürfen. Wir hoffen, Sie damit noch besser unterstützen zu können, bei all den Herausforderungen, dem Druck und den ausufernden Krisenszenarien zielsicher Ihren persönlichen Weg zu einem selbstbestimmten, zufriedenen Leben zu finden.

Einleitung
Warum wir Mañana-Kompetenz brauchen

»Ich möchte endlich lernen, abends meinen Schreibtisch aufgeräumt zu hinterlassen«, seufzt Peter, ein Prokurist. »Vielleicht kann mir dieses Selbstmanagementseminar dabei helfen, ordentlicher zu werden.«

»Eine bessere Organisation und dazu noch Zeitmanagement, das würde mir auch guttun«, schließt die Juristin Sabine sich an. »Ich bräuchte einen Tag mit 48 Stunden, um Kinder, Job und Ehemann zu koordinieren. Irgendwie bin ich immer hintendran, und meine Schwiegermutter sagt, ich sei chaotisch.«

Was müssen Peter und Sabine lernen? Müssen sie lernen, effektiver zu sein, schneller zu arbeiten, diagonal zu lesen oder sich besser zu organisieren? Nichts von alledem, so meinen wir. Die beiden leisten genug und haben die Obergrenze ihrer Leistungskraft erreicht. Mehr geht nicht ohne Gefahr für die Gesundheit. Peter und Sabine müssen etwas ganz anderes lernen: die Mañana-Kompetenz. Das ist die Fähigkeit, den Parasympathikus gezielt zu aktivieren. Der Parasympathikus ist derjenige Teil unseres Nervensystems, mit dessen Hilfe Regeneration, Abwehr und Kreativität möglich sind. Er ermöglicht uns den Zugang zu uns selbst. Ohne Parasympathikus laufen wir Gefahr, nicht mehr zu erkennen, was wir brauchen, und schließlich unzufrieden und krank zu werden. Und selbst wenn wir erfolgreich unseren Traum leben, werden wir ohne Mañana-Kompetenz in den Burn-out abrutschen. Die Fähigkeit, den Parasympathikus gezielt zu aktivieren, ist heute die Voraussetzung dafür, im Leben Zufriedenheit zu finden und Erfolg lange genießen zu können.

Wieso heißt diese Fähigkeit »Mañana-Kompetenz«? Die Idee zu diesem Begriff hatte Peter, von dem oben die Rede war. Nachdem er lange darüber nachgedacht hatte, was ihm dabei helfen könnte, diese Fähigkeit bei Bedarf in sich wachzurufen, fielen ihm die Jahre der Zufriedenheit ein, in denen er für seine Firma eine Niederlassung in Südamerika geleitet hatte. Punkt 17 Uhr ließ man dort alle Maschinen stillstehen. Nichts ging mehr, auch in anderen Firmen nicht. Das Geschäftsleben ruhte. Was heute nicht mehr erledigt wurde, kam morgen dran. Mañana eben. Morgen ist auch noch ein Tag. Peter erinnerte sich, wie er nach getaner Arbeit als Feierabendritual mit seinem Kollegen auf dessen Veranda einen Planter's Punch trank. Die beiden Männer hatten die Beine auf das Geländer der Veranda gelegt, schauten in die weite Ebene und schlürften ihren Cocktail. Die Erholungsphase wurde eingeläutet, man besprach noch mal rückblickend die Geschehnisse des Tages. Und wenn der Punch geleert war, machte sich Peter auf den Weg nach Hause. Er kann sich nicht erinnern, dort in Südamerika jemals das gehetzte Gefühl erlebt zu haben, das er daheim in der Schweiz als täglichen Begleiter kennt. Peter hat in diesem Seminar beschlossen, nicht zu lernen, wie man den Schreibtisch besser aufräumt, sondern wie man zu sich selbst sagt: »Mañana.« Er wollte die Feierabendstimmung aus Südamerika in die Schweiz holen.

Warum brauchen wir gerade jetzt Mañana-Kompetenz?

Was ist mit dem gehetzten Gefühl gekoppelt, das Peter zu Recht loswerden wollte? Lauter Dinge, die dem Menschen nicht guttun: Ein diffuses Gefühl von Sorge, das Grübeln über Dinge, die nicht so gut geraten sind, und die dauernde Unruhe, nicht zu genügen, sind die natürlichen Begleiter des Gehetztseins. Das geht nicht nur Peter so. Diese psychische Verfassung ist ein Kennzeichen der heutigen Zeit.

Die Teilnehmenden eines Stressseminars für Führungskräfte hatten die Aufgabe, darüber nachzudenken, wie sie normalerweise ihren Arbeitstag beendeten – ob sie so etwas wie ein Feierabendritual pflegten. Herbert, im Gegensatz zu den anderen schon länger im Ruhestand, meldete sich und berichtete, wie er früher mit seinen Kollegen nach Feierabend noch ein kleines Bier im Kasino getrunken hat, um dann entspannt nach Hause zu fahren. Das war in den Siebzigerjahren. Man kann sich vorstellen, was ihn zu Hause empfing. Die Kinder waren gebadet und warteten im Bett auf das Gutenachtküsschen, die Ehefrau hatte bereits das Abendessen fertig auf dem Tisch stehen. Herbert war ja meistens pünktlich. Danach bestand die Wahl zwischen lediglich zwei Fernsehprogrammen. Am Samstag wusch man das Auto und mähte den Rasen. Am Sonntag ging man vormittags zur Kirche, und nachmittags spielte man nach dem Waldspaziergang mit der Familie Malefiz oder Mau-Mau. Man mag dies nun für langweilig und rückständig halten, mit einer Sache hatte Herbert aber kein Problem: Er konnte abends und am Wochenende gut abschalten.

Stellen wir uns das gleiche Szenario heute vor: Jürgen sitzt im Büro. Er möchte heute um 19 Uhr zu Hause sein, um dieses Mal beim Nachbarschaftsgrillabend, den er das letzte Mal zum Verdruss der Familie verpasst hatte, mit dabei zu sein. Da bekommt er eine E-Mail von der amerikanischen Muttergesellschaft, die für 18:30 Uhr. eine wichtige Telefonkonferenz ankündigt, an der er teilnehmen muss. In den USA ist es dann 11:30 Uhr. Anruf zu Hause: »Ich komme später!« – was wenig begeistert quittiert wird. In der ausführlichen Konferenz wird ein dringender Auftrag vergeben, dessen Ergebnis am nächsten Tag vor Bürobeginn (in den USA) vorliegen muss. Obwohl Jürgen auf Kohlen sitzt und nach Hause möchte, muss er versuchen, nach der Konferenz wegen wichtiger Informationen bestimmte Kollegen zu erreichen. Um 21 Uhr daheim angekommen, sind die Kinder noch wach, und die Ehepartnerin atmet auf. Nun kann sie die Kinder in die Obhut ihres Mannes übergeben, um endlich ein ungestörtes Gespräch mit der Nachbarin führen zu können.

Erschöpft und vom schlechten Gewissen des »abwesenden Vaters« geplagt, widmet sich Jürgen seinem Nachwuchs. Ein gemütliches Bier mit Steak – denkste. Unruhig wirft Jürgen heimlich ab und zu einen Blick auf sein E-Mail-Konto, um nachzuschauen, ob die wichtigen Informationen schon eingegangen sind. Nachdem sich die Gesellschaft aufgelöst hat und alle im Bett liegen, hat er endlich Gelegenheit, seine E-Mails zu lesen und seinen Auftrag zu erledigen, den er daraufhin versendet. Jetzt erst ist Zeit für das Sofa und das allabendliche Lagerfeuerfernsehen. Also in die Glotze geschaut und nebenbei das iPad auf den Knien zum Surfen. Wenn ein Programm nicht gleich gefällt, ist das kein Problem.

Es gibt ja 30 weitere. Eigentlich ist es egal, was gesendet wird, denn Jürgen zappt ja alle zehn Sekunden weiter. Im Bett kommt ihm noch ein wichtiger Einfall, der dem Auftrag beigefügt werden müsste. Also steht er noch einmal auf, um eine zusätzliche E-Mail zu versenden. Bei der Gelegenheit sieht er neue Eingänge, die er dann aus Neugierde aufmacht und auch noch beantwortet.

Nicht verwunderlich also, dass die Schilderung von Herbert bei den jüngeren Teilnehmenden schallendes Gelächter hervorrief, teilweise höhnisch, teilweise vielleicht auch ein bisschen neidisch. Man kann zu der Lebensweise aus der »guten alten« Zeit stehen, wie man will. Einen Vorteil hatte der eher vorgegebene Alltagsrhythmus auf jeden Fall: Die Anreize, öfter in den Parasympathikus-Tonus umzuschalten, wurden regelmäßig von außen vorgegeben; man musste sich nicht selbst darum kümmern.

Heute haben sich die Standards geändert. Effektivitätssteigerung ist das oberste Gebot. Was nach Pause oder Müßiggang aussieht, gilt als ungenutzte Zeitressource, die man besser einsetzen kann. Stress-, Zeit- und Selbstmanagementseminare vermitteln, wie man noch schneller, noch effizienter die Zeit nutzbar macht. Und das derart, dass immer der Sympathikus in Aktion tritt, der Gegenspieler des parasympathischen Systems. Der Sympathikus ist der Teil unseres Nervensystems, der uns in die Lage versetzt, zu kämpfen und zu flüchten. Im Sympathikus-Tonus sind wir schnell, effektiv und haken wie am Fließband unsere To-do-Listen ab. Ist der zum Dauerzustand geworden, wird der Parasympathikus regelrecht unterdrückt. Er kann sich nicht mehr durchsetzen.

Früher waren Parasympathikus-Phasen von außen

vorgegeben, wie zum Beispiel die wöchentliche Stunde Gottesdienst, Rituale am Feierabend, liebe Gewohnheiten, wie am Wochenende das Auto ausgiebig waschen und wienern. Im Urlaub war man nicht erreichbar, weil es noch keine Mobiltelefone gab. So hatte der Parasympathikus die Chance, seine Arbeit zu tun. Heute kann man sich spielend leicht und jederzeit aktiv in den Sympathikus-Tonus versetzen: indem man online ist, E-Mail-Listen checkt und mit dem Smartphone spielt. Selbst die Wochenenden werden von Terminen dominiert, zum Beispiel von den verschiedenen Fecht-, Fußball- oder Musikaktivitäten der Kinder. An wichtigen Telefonkonferenzen soll man nach heutigen Gepflogenheiten selbst im Urlaub teilnehmen.

All dies mag unter Umständen spannend und zeitgemäß erscheinen, aber ein Problem haben Menschen wie Jürgen damit ganz sicher: Es fällt ihnen immer schwerer, abzuschalten und sich mal nicht wie auf der Flucht zu fühlen. Das letzte Parasympathikus-Reservoir unserer Tage wurde übrigens auch abgeschafft: Heute gibt es Handyempfang sogar im Flugzeug.

Stress trotz Work-Life-Balance

Diese Menge von Vorgaben und Terminen zu meistern ist schwierig, und deshalb konzentrieren sich alle Fortbildungen auf noch mehr Effektivität im Umgang mit unserer Zeit. Wir betreiben systematisch Sympathikus-Training – und der Parasympathikus bleibt auf der Strecke. Deshalb brauchen viele Menschen nicht ein weiteres Effektivitätssteigerungsseminar. Stattdessen müssen sie lernen, ihren Parasympathikus gezielt zu aktivieren. Sie brauchen ein Parasympathikus-Training.

Eine Dauerstressaktivierung, wie sie ein über längere Zeit aktivierter Sympathikus mit sich bringt, hat nämlich Folgen. Wenn heute die psychosozialen Diagnosen die Krankmeldungen dominieren,[1] dann ist dies eine Folge der einseitigen Betonung des Sympathikus in unserer Gesellschaft. Heute gehen 80 Prozent der Menschen nicht mehr wegen Wundversorgungen, hohem Fieber oder organischen Krankheiten zum Arzt, sondern wegen Schlafproblemen, hoher Infektanfälligkeit und Stimmungsschwankungen – alles Befindlichkeiten, für deren Behebung der Parasympathikus zuständig ist. Da man die Hauptquelle von Dauerstress in der Arbeit vermutet, gibt es schon seit Längerem die Forderung, Arbeit und Freizeit in Form einer angemesseneren Work-Life-Balance besser auszugleichen.

Viele Menschen spüren das Problem. Eine bekannte Teefirma vermarktet eine Kamille-Fenchel-Teemischung unter dem Namen »Nicht-schon-wieder-Montag-Tee«. Offenbar gibt es eine Menge Leute, die montags mit so unangenehmen Gedanken aufwachen, dass die Hoffnung auf Vertreibung dieser Gedanken sie dazu bringt, statt ihres Morgenkaffees einen Kamille-Fenchel-Tee zu brauen. Wenn dem so ist, dann sind viele in einer bedenklichen Stimmungslage. Die Aussicht auf den Montag macht Angst, weckt Versagensängste oder verspannt schon beim bloßen Gedanken an den Arbeitsplatz die Nackenmuskulatur. Das muss nicht sein und darf auch aus gesundheitlichen Gründen nicht so sein. Jeder Job hat seine guten und seine schlechten Seiten, das ist normal. Wenn aber die Aussicht auf den Wochenbeginn ständig mulmige Gefühle wachruft, dann muss etwas unternommen werden.

»Aber ich unternehme ja was!«, sagt Sabine, die Juristin, von der eingangs die Rede war. »Ich weiß, man braucht eine gute Work-Life-Balance, um mit dem Stress umgehen zu können. Ich mache jeden Morgen Yoga.« Hilft ihr das dabei, sich weniger gestresst zu fühlen? Im Fall von Sabine führt der Anspruch, als doppelt belastete Mutter auch noch eine ausgeglichene Work-Life-Balance aufzuweisen, zum Gegenteil. Um ihre Yogaübungen machen zu können, muss sie um 5:30 Uhr aufstehen, denn um 6 Uhr muss sie die Kinder wecken. Yoga ist eine wunderbare Sache – sofern es nicht zusätzlichen Stress auslöst, weil es einfach nicht in den Terminplan passt. Der positive Effekt, der mit der Idee von Work-Life-Balance eigentlich beabsichtigt ist, geht bei Sabine völlig verloren. Sie ist mit Yoga noch gestresster als ohnehin schon, denn es nimmt ihr 30 Minuten Schlaf.

Wie konnte das geschehen? Sabine spürt zwar, dass etwas nicht stimmt in ihrem Leben, aber sie zieht die falschen Schlüsse. Sie schraubt die Ansprüche an sich selbst noch höher, anstatt das Leben lockerer zu nehmen. Sie sucht die Lösung in vermehrter Aktivität, und das geht schief. Für Sabine ist Yoga darum keine Gelegenheit zu entspannen, sondern lediglich ein Posten mehr auf ihrer To-do-Liste. Und damit verliert es seine gesundheitsfördernde Wirkung. Statt als Ressource zu wirken, ist die Work-Life-Balance für Sabine zur Belastung geworden. Bevor sie entscheiden kann, wie sie diese regeln will, braucht sie Mañana-Kompetenz. Wenn man zunehmend das Gefühl hat, dass einem das eigene Leben durch die Finger gleitet, dass man immer gestresster und unzufriedener wird, obwohl man doch meint, alles richtig zu machen, braucht man vor allem für seine ausgeglichene psychische Befindlichkeit Mañana-Kompetenz. Denn nur so spürt man, was man wirklich will, um vielleicht festzustellen, dass man im Moment gar nichts weiter braucht, außer seine Ruhe haben und damit zufrieden sein. Menschen im Dauerstress verlieren den Zugang zum eigenen Selbst und jagen fremden Zielen nach, die gar nicht förderlich sind. Hierzu gibt es zuverlässige Studien im Bereich der Psychologie. In Kapitel 2 besprechen wir diese Thematik.

Das Beispiel von Sabine ist unmittelbar einleuchtend. Jeder kann nachvollziehen, dass ihr Leben auf einen Zusammenbruch hinausläuft, wenn sie es nicht gründlich ausmistet und lernt, ihre eigenen Wege zur Zufriedenheit zu finden, unabhängig vom Zeitgeist. Personen, denen es geht wie Sabine, haben jedoch den Vorteil, dass ihr Leidensdruck sie zum Handeln zwingt. Es gibt aber eine zweite Gruppe von Kandidaten für ein Parasympathikus-Training, die unter Umständen sogar gefährdeter sind als Sabine, weil es ihnen vordergründig blendend geht. Gerade Menschen, die eigentlich ihren Traum leben, beruflich sehr zufrieden und gerade so richtig erfolgreich sind, die über Work-Life-Balance nur milde lächeln können, da sie sich für solch ein Thema viel zu gut und kraftvoll fühlen, sollten auf ihren Parasympathikus achten. Wenn dessen Aktivierung völlig fehlt, kann das nämlich auch für diese Personen zu einem Problem werden. Sie finden, das hört sich absurd und miesepetrig an? Dann lassen Sie sich die Geschichte von Tobias erzählen, bevor Sie dieses Buch weglegen.

Anders als Sabine fühlt sich Tobias nicht gestresst von seinem Zwölfstundenarbeitstag. Er wollte schon immer einen anspruchsvollen Beruf, um die Welt reisen und ein schickes Auto fahren. Er ist nun 34 Jahre alt und seit Neuestem Seniorpartner einer großen Unternehmensberatung. Er ist bekannt dafür, komplizierte Fälle effizient und intelligent zu lösen. Als Amateur bringt er es außerdem zu beachtlichen Platzierungen bei internationalen Triathlon-Wettkämpfen. Alles eine Frage guten Zeitmanagements. Er fühlt sich fit, ist gut drauf, fast schon euphorisch. Aber kaum geht er einmal in Urlaub, wird er krank. Deshalb hakt er, wie er sagt, die erste Urlaubswoche sowieso gleich ab und fährt nur mindestens zwei Wochen oder eben gar nicht weg. Dies sind Vorboten einer gesundheitlichen Problematik, die zum Burn-out führen kann, und zwar ironischerweise gerade, weil es Tobias so gut geht. Er hat seinen Lebenstraum verwirklicht und ist trotzdem ein Burn-out-Kandidat. In Kapitel 3 erzählen wir mehr über die medizinischen Hintergründe dieses scheinbaren Paradoxes. Die gute Nachricht dieses Buches ist, dass man Mañana aktiv erlernen kann. Wie das geht, erfahren Sie in Teil III. Und am Ende in Teil IV machen wir uns ein paar ganz grundsätzliche Gedanken, warum mehr Mañana für die gesamte Gesellschaft ein Segen wäre. Klären wir zunächst, was Mañana-Kompetenz eigentlich genau bedeutet.

Teil I

Was ist Mañana-Kompetenz?

1 Wie fühlt sich ein Mañana-Zustand an?

Ich fühle mich zufrieden, gerade jetzt

Sowohl die gestresste und fremdbestimmte Sabine als auch der euphorische Tobias brauchen regelmäßig einen Zustand des vegetativen Nervensystems, in dem psychische Selbstbestimmung und gesundheitliche Regeneration möglich werden. Wie fühlt sich solch ein Zustand an? Japanische Forscherinnen und Forscher[2] haben einen Fragebogen entwickelt, der eine Fähigkeit misst, die in Asien sehr viel mehr zur Kultur gehört als in Europa oder in den USA. Es handelt sich um die Fähigkeit, nichts zu tun und nichts zu wollen. Ein paar Fragen daraus können dabei helfen, für sich selbst zu untersuchen, ob man über diese Fähigkeit verfügt. Wie viele von den folgenden Fragen können Sie für sich bejahen?

- Es fühlt sich wunderbar an, am Leben zu sein.
- Ich fühle mich zufrieden, gerade jetzt.
- Ich nehme die Dinge, wie sie sind.
- Ich liebe es, einfach so herumzuspazieren, ohne spezifisches Ziel.
- Es fühlt sich gut an, einfach nur zu sein.
- Ich bin dankbar, dass ich geboren wurde.[3]

Die Fähigkeit, aus dem Alltagsbetrieb heraus in eine Stimmung umzuschalten, die dazu führt, dass man solche Fragen mit »Ja« beantwortet, das ist Mañana-Kompetenz. Ohne diese Fähigkeit laufen wir Gefahr, unzufrieden am eigenen Leben vorbeizuleben oder sogar zum Opfer der eigenen Erfolge zu werden.

Behaglich im Kirschbaum

Wer damit beginnen will, mehr Mañana-Gefühl in sein Leben zu bringen, muss zuerst einmal eine Vorstellung davon haben, wie sich die Verfassung bemerkbar macht, von der wir reden. Es ist nämlich keineswegs selbstverständlich, dass man weiß, wonach man dabei zu suchen hat. Ich selbst habe solche Gefühle aus meiner Kindheit in Erinnerung. Zum Beispiel wenn ich mich im Kirschbaum versteckt hatte, dort einen Band Karl May las, mir ab und zu eine süße Kirsche in den Mund steckte und für den Rest der Welt unsichtbar war. Der Geruch des warmen Holzes und der Blätter, das durch den Schattenwurf der Äste gefilterte Sommerlicht und der Eindruck, in einem Kokon zu sitzen, erzeugten in mir eine innere Verfassung, für die mir kein besseres Wort als »Behagen« einfällt. Behagen findet auf jeden Fall im Körper statt und nicht im Kopf. Behagen ist ein Eins-zu-eins-Gefühl. Behagen spürt man, man denkt es nicht.

Kennen Sie das Phänomen, dass sich manche Menschen wortreich dessen versichern müssen, dass es ihnen gerade gut geht? »Haben wir es nicht schön miteinander?«, fragen sie dann auf der Terrasse des Gasthofs am See in die Runde. »Wie ist es doch wunderbar«, seufzen sie, wenn sie in Venedig Gondel fahren. Manche versuchen ihr Wohlergehen mit Fotos oder MMS zu dokumentieren und erhalten die Rückversicherung, dass es ihnen richtig gut ging, erst dann, wenn sie ihre Fotoausbeute anderen zeigen und erläutern. »Da waren wir auf dem Machu Picchu. Ich sage dir, überwältigend. Und hier siehst du Harald mit einer Bäuerin. Mit wie wenig diese Menschen zufrieden sind. Und immer so freundlich – siehst du, hier hat sie ihm Kartoffeln geschenkt.« Ich selbst habe einen Freund, der seit Neuestem über seine Reisen einen Blog führt.

Ich will um Himmels willen niemandem das Recht absprechen, das eigene Wohlbefinden mitzuteilen. Immer dann, wenn Sie selbst jedoch bei sich oder bei anderen so etwas beobachten, stellen Sie sich die Frage: Wozu diese Bekanntmachung des eigenen Glücks? Soll sie andere teilhaben lassen und ihnen eine Freude bereiten? Oder dient sie der eigenen Rückversicherung, weil man das Behagen in Wirklichkeit gar nicht spürt, sondern nur denkt? Wenn der Parasympathikus arbeitet, *spüren* Sie das Behagen. Es breitet sich aus im Körper, und wenn es da ist, dann merken Sie es ganz genau. Sie haben dann nicht das Bedürfnis, es jemandem mitzuteilen.

Ich kann mich auch an ein Behagen in meiner Kindheit erinnern, wenn ich frisch gebadet in meinem Lieblingsnachthemd mit den rosa Blumen ins Bett schlüpfte. Es gab außerdem das Behagen, wenn es draußen regnete und ich im warmen Zimmer saß. Kartoffelsuppe mit Apfelküchle löste ebenfalls Behagen aus. Und wenn die Katze schnurrend in meinem Bett lag, half auch sie mir, mich behaglich zu fühlen.

Aus Gründen, die ich selbst noch nicht ganz geklärt habe, ging dieses Gefühl dann im Laufe der Zeit verloren. Es kam mir abhanden. Vermutlich hängt das mit dem Erwachsenwerden zusammen. Wenn man das Abitur vor sich hat, reichen ein Blümchennachthemd und ein Vollbad nicht mehr aus, um die Sorgen zu zerstreuen, ob man auch genug gelernt hat. Die Tage scheinen kürzer zu werden, parallel dazu wird die Liste der Aufgaben und Pflichten immer länger. Sobald man studiert, tauchen die Geldsorgen auf. Geldsorgen sind absolutes Gift für ein Behaglichkeitsgefühl. Dann kommt der Liebeskummer dazu, der Vermieter macht Ärger, das Auto muss zum TÜV, die angesammelten Flaschen müssen zum Glascontainer usw. usf.

Wenn man erwachsen ist, nehmen die unerledigten Aufgaben beständig zu, einfach aufgrund der Tatsache, dass man einen kompletten Alltag ganz alleine meistern muss. Ihre Anzahl scheint gegen unendlich zu gehen. Und wenn man mal an einem Tag wirklich alles, was man sich vorgenommen hat, auch erledigt hat, dann gibt es immer noch die Möglichkeit, darüber nachzudenken, dass man mal die Schuhputzkiste aufräumen könnte. Und schon wieder verflüchtigt sich das Behaglichkeitsgefühl.

Die Wiederentdeckung der Behaglichkeit

Ich habe das Behagen durch meinen Mann wiederentdeckt. Er ist Künstler, er malt. Unsere erste gemeinsame Urlaubsreise ging nach Venedig. Ich hatte – von woher auch immer – einen Bildungsbürgerurlaub im Kopf. Die Vorstellung steckte einfach so in mir drin, ich hatte sie zu keinem Zeitpunkt selbst aktiv gewählt. »Das macht man halt so«, wäre meine Antwort auf die Frage gewesen, warum das so sein muss.

Was tat ich denn? Nun, ich plante den Urlaub generalstabsmäßig. Das war schon alles. Aber es genügte, um jedes Aufkommen von Behaglichkeit nachhaltig zu verhindern. Ich hatte einen Reiseführer von Venedig und hatte mir mithilfe eines Stadtplans eine genaue Route für unsere acht Tage Aufenthalt zurechtgelegt. Ich hatte auch ein Kochbuch der venezianischen Küche erstanden und eine Liste derjenigen Gerichte angelegt, die wir unbedingt probieren müssten. Ergänzt wurde meine Planung durch eine Aufstellung der Schauplätze in den Krimis von Donna Leon sowie der Bars und Restaurants, in denen sich Commissario Brunetti aufzuhalten pflegt.

Mein Mann machte dieses Pensum zwei Tage lang mit. Am dritten Tag änderte sich das; ich weiß es noch, als wäre es gestern gewesen. Wir hatten in einem kleinen Restaurant direkt an einem Kanal zu Mittag gegessen. Der Espresso war getrunken, die Gläser geleert. »Sollen wir zahlen?«, fragte ich und wollte mich schon nach der Bedienung umdrehen, denn mein Plan gab ein strenges Nachmittagsprogramm vor. »Nee, wart mal«, sagte mein Mann. »Wie, wart mal?« Ich war irritiert. »Na ja, einfach mal warten. Nicht gleich gehen. Einfach sitzen bleiben.«

»Und was tun?« – »Nichts«, sagte mein Mann und verfiel in tiefes Schweigen.

Na ja, meine Liebe war jung, und da tut man ja einiges. Und so wartete ich ab, was passieren würde. Es geschah nichts. Mein Mann saß da und schaute auf den Kanal. Er glotzte einfach nur so vor sich hin. Ich wurde unruhig und hibbelig. Einfach nur auf einen Kanal starren – war man dazu nach Venedig gekommen? So viele Palazzi gab es zu besichtigen, so viele Rundfahrten mit dem Vaporetto zu absolvieren, und dann noch die Glasbläser, die Balthus-Ausstellung im Palazzo Grassi, die Giudecca ...

Mich hielt es nicht länger auf meinem Stuhl.

»Also, ich schau mir jetzt mal die Umgebung an. Du kannst ja sitzen bleiben, ich komm dann wieder.«

»Tu das«, erwiderte er, mehr nicht.

Nach einer halben Stunde kehrte ich zurück. Er hatte inzwischen ein Glas Wein bestellt und glotzte immer noch. Es war mir ein absolutes Rätsel, was dieser Mann da tat. Heute, im Rückblick, weiß ich es. Er empfand Behagen und wusste, wie man das auskostet. Ich hingegen wusste nicht mal mehr theoretisch, wie das geht.

»Setz dich hin, trink einen Wein und bleib einfach mal sitzen«, empfahl er mir. Der Wein und die Mittagshitze dämpften meinen Aktionismus. Wir saßen dann noch zwei Stunden am Kanal, das Programm des Nachmittags war sowieso geknickt. Behagen war es, das sich seit Langem zum ersten Mal wieder in mir geregt hatte. Für den Rest vom Urlaub hatte das Mañana-Gefühl oberste Priorität. Wir besichtigten Venedig nicht mehr nach Plan, sondern wir ließen uns treiben. Wir liefen einfach drauflos. Wenn wir irgendwo sitzen bleiben wollten, blieben wir sitzen, wenn wir weitergehen wollten, gingen wir weiter, wenn wir uns eine Kirche anschauen wollten, gingen wir rein. Eine Katze, ein Hund, eine Geranie in einer Blechdose, eine Wäscheleine mit Strümpfen, ein Fensterladen mit abblätternder Farbe, der Geruch aus dem Kanal, ein Kuss, ein Streicheln, das Gehen, die Sonne, der Schatten. Das Denken war ausgeschaltet. Und was soll ich sagen, natürlich entdeckten wir auf die Art meines Mannes die wundervollsten Ecken, die wir mit meinem Touristenplan niemals gefunden hätten.

An dieser Stelle möchte ich Ihnen einen wunderbaren Comic ans Herz legen, der – von einem Japaner gezeichnet – die Mañana-Verfassung zum Thema hat. Er hat den Titel *Der spazierende Mann* und kommt fast ohne Worte aus. Es ist ein Mann zu sehen, der in der Gegend, in der er wohnt, spazieren geht.[4] Andere Sequenzen zeigen nebenbei Szenen einer behaglichen Ehe. Ruhig, freundlich, zugewandt gehen Mann und Frau miteinander um. Kein Vergleich mit dem hysterischen Getue, wie es die Damen in der Serie *Sex and the City* an den Tag legen. Behaglich eben. Und als Betrachter des Comics zweifelt man nicht daran, dass diese japanische Ehe Bestand haben wird. Was aus den Beziehungen der Damen aus der amerikanischen Serie geworden ist, wissen wir ja.

Damals in Venedig am Kanal brauchte ich noch den Wein als Betäubungsmittel für den Sympathikus-Tonus, um meinen inneren Turbo herunterzufahren und dem Parasympathikus eine Chance zu geben, seine Arbeit zu tun. Viele Menschen setzen zu diesem Zweck Alkohol ein. Daran ist nichts Verwerfliches, solange man auch über andere Möglichkeiten verfügt, den Sympathikus zu stoppen. Gefahr droht nur denjenigen, die sich ausschließlich mit Alkohol halbwegs zur Ruhe bringen können. Wir sprechen in diesen Fällen von »Sympathikus-Narkose« (siehe Kapitel 4). Die Faustregel: Sie sollten über fünf verschiedene, gut erprobte und zuverlässig funktionierende Möglichkeiten verfügen, den Sympathikus zu drosseln und Ihren Parasympathikus zu aktivieren. Alkohol kann ruhig auch eine Variante sein, aber eben nur eine unter vielen.

Teil II

Gründe für Mañana-Kompetenz

2 Psychische Gründe für Mañana-Kompetenz

Von Dickhäutern und Dünnhäutern

Ist die Fähigkeit zu Mañana-Kompetenz angeboren, oder kann ich sie trainieren? Beides trifft zu. Teile dieser Fähigkeit sind angeboren, andere kann man erwerben. Im Folgenden wollen wir die Grundlagen für Mañana-Kompetenz im Einzelnen anschauen. Betrachten wir zuerst die Personen mit der angeborenen Fähigkeit. Tatsächlich gibt es Menschen, die die Mañana-Kompetenz ganz einfach schon in die Wiege gelegt bekommen haben. Jeder kennt solche Menschen: Sie sind der Fels in der Brandung. Nichts kann sie erschüttern. Wenn alle anderen schon kurz vor dem geistigen Kollaps stehen, haben solche Leute Nerven wie Drahtseile. Mit dieser Fähigkeit liegt die Schwelle, bei der man Stress, Unruhe und Sorge erlebt, viel höher als beim Durchschnitt der Menschen. Wir haben es mit psychischen Dickhäutern zu tun. Ihr Stresssystem springt einfach später an, als das bei anderen der Fall ist.

Wie es im Zusammenhang mit persönlichen Eigenschaften immer ist, so hat auch die Dickhäuterexistenz ihre Vor- und Nachteile. Ein Vorteil besteht darin, dass diese Menschen weniger Stress erleben als andere. Ein Nachteil ist, dass sie oftmals noch ruhig bleiben, wenn eigentlich schon längst Grund zur Sorge bestünde. Gerade im Geschäftsleben gelangen oft die stressimmunen Dickhäuter an Spitzenpositionen, weil sie am besten mit dem Trubel, den solch eine Position mit sich bringt, umgehen können. Allerdings gibt es auch immer wieder Fälle, die deutlich machen, dass eine Führungsperson eine aufziehende Krise nicht rechtzeitig als solche erkannt hat – mit dem Ergebnis, dass die Firma pleitegegangen ist. Hier stellte sich die dicke Haut als Nachteil heraus, sie war der Grund, warum Alarmsignale übersehen wurden. Auf jeden Fall haben Dickhäuter jedoch den Vorteil, von Natur aus schon mit einer eingebauten Mañana-Kompetenz ausgestattet zu sein.

Und dann gibt es natürlich auch die psychischen Dünnhäuter. Sie haben eine sehr geringe Stressschwelle. Es braucht nur ganz wenig, und die Dünnhäuter sind alarmiert. Sie erleben starke Sorgengefühle, und sie machen sich die entsprechenden Gedanken. Sie machen sich Sorgen, wenn in der Zeitung ein beunruhigender Artikel steht. Auf dem Weg zum Bahnhof machen sie sich Sorgen, dass sie den Zug verpassen und deshalb bei der morgendlichen Sitzung zu spät kommen könnten. Dann wäre möglicherweise die Kollegin verstimmt, und auf deren Vertrauen ist man doch angewiesen für das große Projekt im Sommer. Hat man den Zug glücklich erreicht, kann man sich Sorgen machen, ob er auch pünktlich ankommen wird; schließlich kommt immer mal wieder was dazwischen. Eine Weichenstörung oder ein Stromausfall. Hat man alles schon erlebt. Und hat man überhaupt die richtigen Unterlagen eingepackt? Schnell wird noch einmal in der Aktentasche gewühlt, aus Hast eine Mappe übersehen, und erst nach zermürbenden Minuten des Suchens ein erleichtertes Aufatmen. Alles dabei, alles im Lot.

Die Atempause währt nur kurz, denn das Handy klingelt – eine Kollegin teilt mit, dass man nicht als Vierte drankommt, sondern erst als Sechste, weil ein Kollege aus England vorgezogen wurde, der zum Flieger muss. Die Zeit wird sicher zu kurz, um die eigenen Ideen optimal darzustellen. Die Zuhörenden werden erschöpft sein, man selbst auch; es wird keine Zeit mehr verbleiben, um Fragen zu beantworten. Die ganze Mühe wird umsonst gewesen sein.

Die Leserinnen und Leser, die zu den Dünnhäutern zählen, kennen die eben beschriebene Verfassung. Die Sorgenstimmung hält eigentlich die meiste Zeit an, die sorglosen Phasen sind im normalen Alltag spärlich gesät. Ein echter Tausendsassa unter den Dünnhäutern schafft es übrigens auch, sich im Urlaub Sorgen zu machen. Das Trinkwasser könnte Keime haben, das Hotelzimmer riecht nach Kakerlaken, der Flug ist noch nicht rückbestätigt, und die Spezialsonnencreme wurde zu Hause vergessen. Keinerlei Voraussetzung also, sich in die Mañana-Verfassung zu beamen und endlich das zu tun, wozu man in Urlaub gefahren ist: zu relaxen und die Batterien wieder aufzuladen.

Hoffnung für Dünnhäuter

Die Eigenschaft, immun gegen Stress zu sein und immer noch ruhig zu bleiben, wenn andere schon längst alle Fingernägel abgeknabbert haben, ist angeboren und bleibt ein Leben lang erhalten. Sie zählt zu den sogenannten festen Persönlichkeitsmerkmalen und lässt sich gut mit Fragebögen messen.[5] Gibt es also für die Dünnhäuter keine Hoffnung? Sind sie dazu verurteilt, ein Leben lang unter einer dunklen, bedrohlichen Wolke zu leben? Das ist nicht nötig. Es gibt die Möglichkeit, den Bedrohtheitsgefühlen zu entrinnen. Im Verlauf eines Lebens sind angeborene Eigenschaften nicht fest zementiert. Sie geben zwar einen Rahmen vor, aber wir können durch Prägung in der Kindheit oder sogar später als Erwachsene aktiv unseren Handlungsspielraum erweitern, um besser gegen die Anforderungen und Widrigkeiten des Lebens gewappnet zu sein.

Der Persönlichkeitspsychologe Julius Kuhl[6] hat sich mit dieser Frage beschäftigt. Und er hat herausgefunden, dass es manche Dünnhäuter gibt, die gelernt haben, mit ihrer hohen Sensibilität für besorgniserregende Nachrichten umzugehen. Die Fähigkeit, alarmiert reagieren zu können, ist nämlich grundsätzlich keine schlechte Eigenschaft. Sie ist sogar eine wichtige Überlebenshilfe, nicht nur für Menschen. Stellen Sie sich vor, wie ein Tier im Urwald überleben sollte, wenn es keine Antennen für merkwürdige Geräusche und Gerüche hätte!

Belastend ist es, wenn sich das Alarmgefühl nicht wieder abschalten lässt. Hält ein Alarmgefühl zu lange an, ist das für den Organismus keine Überlebenshilfe mehr, sondern eine Last. Dann entsteht das, was man in der Wissenschaft chronischen Stress nennt. Alarmgefühle sind zunächst einmal nur das, was die Bezeichnung ausdrückt: Sie geben Alarm. Ist der Alarm wahrgenommen worden, kann man das Alarmgefühl ausschalten. Genauso wie man einen Wecker ausschaltet. Der Wecker hat uns geweckt, damit ist seine Aufgabe erfüllt. Das Gleiche gilt für das Alarmgefühl. Es entdeckt einen Grund zur Sorge, der Grund wird identifiziert. Danach kann man das schlechte Gefühl herunterfahren und mit Ruhe nach Lösungen und guten Strategien suchen, um den Grund für die Sorge aus der Welt zu schaffen.

Diese Fähigkeit haben viele Dünnhäuter nicht. Deshalb führen sie ein Leben in Dauersorge. Aber es gibt eine gute Nachricht: *Jeder* Dünnhäuter kann umlernen. Wem die Mañana-Kompetenz nicht in die Wiege gelegt wurde, der kann sie sich antrainieren. Wenn sie Glück haben, lernen es die Dünnhäuter ganz früh von der Mutter und dem Vater, später dann eventuell von den Gleichaltrigen in der Schule, als Erwachsene schließlich von Partnerinnen und Partnern oder durch aktives eigenes Training. Deshalb gibt es aus der Sicht der Wissenschaft zwei Sorten Dünnhäuter: solche, die ihr Alarmgefühl selbst herunterregulieren können, und solche, die ihren gesamten Alltag mit anhaltendem inneren Alarmgeheul zubringen. Dünnhäuter mit der Regulierungskompetenz haben den geborenen Dickhäutern sogar etwas Wichtiges voraus: Sie haben ein Adlerauge für Fehler und mögliche Gefahren und können daher schneller reagieren als Dickhäuter. Gleichzeitig leiden sie aber nicht unter der erhöhten Wahrnehmungsfähigkeit für besorgniserregende Lebensumstände, denn sie können sich genau dann wieder in ihre Mañana-Verfassung bringen, wenn sie das wünschen.

Warum ist es so wichtig, das Alarmgefühl wieder herunterzufahren, wenn die Gefahr erkannt ist? Zwei Gründe gibt es hierfür. Den einen – medizinischen – Grund, erklären wir im Kapitel über das Nervensystem des Menschen. Der andere Grund ist ein psychischer. Dazu müssen wir jedoch ein wenig ausholen, denn die Sachlage ist komplizierter, als man auf Anhieb meinen könnte.

Alarmgefühle und der Zugang zum Selbst

Eine Freundin begann nach dem Abitur Verwaltungswissenschaft zu studieren. Sie studierte vier Semester bis zur Zwischenprüfung. Von Tag zu Tag wurde sie unglücklicher. Und sie wusste nicht, warum. Klar, Klausuren sind stressig, und unfreundliche Professoren können einem das Leben vermiesen. Massenveranstaltungen mit zu wenigen Sitzplätzen machen die Vorlesung zur Qual. Aber das Unglücklichsein der Freundin ging über das normale Maß von Ärger und Unwohlsein ihrer Mitstudierenden deutlich hinaus. Es dauerte eine Weile, bis sie das selbst registriert hatte. Und noch länger dauerte es, bis sie bemerkt hatte, woran das lag. War es das falsche Studienfach? Wollte sie nicht eigentlich statt Verwaltungswissenschaft Philosophie oder Germanistik studieren? Das war es nicht, fand sie heraus, nachdem sie einen Abstecher in diese Fächer gemacht hatte.

Aber was war es dann? Es dauerte noch einmal drei Semester, bis ihr klar war: Sie wollte überhaupt nicht studieren. Sie wollte in die Gastronomie. Warum war ihr so lange nie aufgefallen, dass sie eine begeisterte Köchin und eine hervorragende Gastgeberin war? Wieso hatte sie sieben Semester benötigt, um herauszufinden, dass sie viel mehr Freude daran hatte, einen Truthahn zu tranchieren als einen wissenschaftlichen Text zu verfassen? Sind diese beiden Tätigkeiten nicht dermaßen unterschiedlich, dass man entsprechende Vorlieben und Abneigungen früh und ganz deutlich bemerken müsste? Die Eltern meiner Freundin hatten immer gesagt: »Du sollst einmal studieren, damit du es besser hast als wir.« Dieser Wunsch ihrer Eltern, der sie als Heranwachsende begleitete, hatte ihre eigene Lebensplanung geprägt, so lange, bis es nicht mehr ging. Was war hier geschehen?

Es gibt einen Vorgang, bei dem Ziele anderer Personen, Erwartungen von außen oder fremde Wertvorstellungen in das eigene Selbst übernommen werden, ohne dass die betroffene Person diese Fremdbesetzung bemerkt. Für diesen Vorgang haben die Psychologen Kuhl und Kazén ein Wort geprägt: Selbstinfiltration.[7] In den letzten Jahren gab es im wissenschaftlichen Umfeld dieser beiden Forscher viele neue Erkenntnisse dazu, wie es zu diesem merkwürdigen Vorgang überhaupt kommen kann. Wie kann es sein, dass sich fremde Vorstellungen in mein eigenes Selbst einschleichen, ohne dass ich etwas davon mitbekomme? Das ist unheimlich, nicht wahr? So viel ist klar: Auf der psychischen Ebene passiert bei der Selbstinfiltration etwas Ähnliches wie bei einer Grippe. Ein Fremdkörper schleicht sich ein. Bei der Grippe ist es ein Virus, bei der Selbstinfiltration sind es fremde Ziele.

Und genauso, wie es Menschen, die von einem Virus befallen sind, gesundheitlich schlecht geht, so geht es auch Menschen schlecht, die von fremden Zielen besetzt sind. Es gibt hierzu klare Befunde: Die Lebenszufriedenheit und die körperliche Gesundheit von Menschen mit einem hohen Kennwert für Selbstinfiltration sind deutlich geringer.[8] Zum Glück weiß man inzwischen einiges darüber, wie diese Fremdinvasion vonstattengeht, und darum kann man auch klare Tipps abgeben, wie jeder Einzelne diese unangenehme Besiedelung des eigenen Selbst verhindern kann. Sie ahnen es vielleicht schon: Die Fremdbesetzung des eigenen Selbst hat mit den Alarmgefühlen zu tun, die wir im vorangehenden Kapitel besprochen haben. Denn Alarmgefühle behindern den Zugang zum eigenen Selbst. Wer im dauernden Red-Alert-Zustand seinen Tag verbringt, kann nicht bemerken, wenn sich ein fremdes Zielvirus einschleicht. Wir werden das noch ausführlich erklären.

Wollen Sie wissen, ob Sie in Gefahr sind, von fremden Zielviren befallen zu werden? Dann schauen Sie sich die folgenden Fragen an. Würden Sie sie eher mit »Ja« beantworten?

- Ich bemerke Verspannungen erst, wenn es schon wehtut.
- Mir scheint, dass ich oft gar nicht weiß, was ich will.

Oder eher diese Fragen?

- Ich kann meine inneren Bedürfnisse gut in Worte fassen.
- Wenn ich nervös bin, kenne ich in der Regel den Grund.

Diese Fragen stammen aus einem Fragebogen, den der Psychologe Markus Quirin, ein Mitarbeiter von Julius Kuhl, entwickelt hat.[9] Er misst die Fähigkeit zu spüren, was man selbst will, den sogenannten Selbstzugang. Erst ein funktionierender Selbstzugang ermöglicht es uns, eine authentische Persönlichkeit zu entwickeln. Das bedeutet, dass unser Handeln auch tatsächlich unseren eigenen Wünschen entspricht. So stellen wir sicher, dass, wenn wir unsere Ziele erreichen, sich diese auch gut anfühlen. Und vor allem auch der Weg dorthin.

Ist es eigentlich grundsätzlich schlecht, fremde Ziele zu verfolgen? Nicht unbedingt. Aus der Forschung wissen wir dazu einiges. Fremde Ziele wirken nur dann gesundheitsschädlich, wenn sie den eigenen Bedürfnissen nicht entsprechen. Wenn ein Mensch solch ein fremdes Ziel verfolgt, das seinen eigenen Bedürfnissen nicht entspricht, und obendrein noch Stress und Druck dazukommen, gerät er in schlimme Zustände, körperlich wie seelisch. Hält solch ein Zustand über eine längere Zeit an, kommt es zu ernsten Krankheiten. Im Kapitel über die medizinischen Aspekte der Mañana-Kompetenz werden wir darüber einiges zu berichten haben.

Wieso kann es überhaupt so weit kommen, dass eine Person ein Ziel verfolgt, das den eigenen Bedürfnissen in keiner Weise entspricht, und sie das gar nicht merkt? Der Grund ist: Derjenige Teil der menschlichen Psyche, der für das Selbst zuständig ist, braucht absolute Ruhe, um arbeiten zu können.[10]

Man kann sich das vorstellen wie bei einem Auto mit Dieselmotor. Angenommen, Sie besitzen solch ein Auto, es ist funktionsfähig, prima in Schuss und frisch gewienert. Wenn Sie es mit Benzin betanken, kann es nicht fahren. Das liegt nicht am Auto, sondern am falschen Treibstoff. Ähnlich ist es mit dem Teil der menschlichen Psyche, den wir das »Selbst« nennen, und der Ruhe. Im Selbst sind alle unsere Erfahrungen und Erinnerungen gespeichert. Dieses Speichern beginnt bereits im Mutterleib, also sehr früh. Außerdem sind alle Erfahrungen mit Bewertungen versehen, die sich bei Gelegenheit als Körpersignale äußern.[11]

Im Selbst werden alle Erlebnisse, die ein Mensch im Laufe seines Lebens hat, blitzschnell daraufhin geprüft, ob sie, gemessen an den bisher gemachten Erfahrungen, gut für einen sind oder nicht. Das Selbst kann das leisten, weil es über eine riesengroße Datenbank verfügt, die viel größer ist als der modernste Computer und auf die es sehr schnell zugreifen kann. Das Selbst kennt alle Bedürfnisse seines Besitzers oder seiner Besitzerin sehr genau und kann rasch entscheiden, ob ein Vorschlag, der von jemand anderem kommt, zu der eigenen Bedürfnislage passt oder nicht. Das Selbst ist also ein wichtiger Lotse, wenn es darum geht, das eigene Leben so zu gestalten, dass man sich selbst darin pudelwohl fühlt.

Wie der Dieselmotor den Diesel, so braucht das Selbst die Ruhe als Treibstoff, um arbeiten zu können. Unter Alarm ist das Selbst abgeschaltet, und andere Teile des psychischen Systems übernehmen die Führung. Bei Personen, die unter Daueralarm stehen, weil sie nicht gelernt haben, ihre mulmigen Gefühle herunterzuregulieren, kann sich das Selbst nicht äußern. Darum sind sie in großer Gefahr, ihnen nicht entsprechende fremde Ziele zu verfolgen – und zwar *ohne, dass sie es selbst bemerken!* Wer keine Mañana-Kompetenz besitzt, hat es sehr schwer, ein zufriedenes Leben zu führen. Denn ohne innere Ruhe kann kein Mensch wissen, was er wirklich will. Sein Selbst kann dann nicht arbeiten.

Selbstinfiltration muss nicht immer nur große Ziele betreffen, wie das Verwaltungsstudium meiner Freundin. Selbstinfiltration kann auch im ganz normalen Alltag stattfinden. Dazu gibt es eine schöne Geschichte.

Es war am Anfang meiner Ehe. Mein Mann und ich waren genau so lange zusammen, dass sich bereits bestimmte Weihnachtsbräuche eingespielt hatten. Ein Brauch bestand darin, dass seine Mutter und einer meiner Brüder Weihnachten bei uns feierten. Und dass ich für den Heiligabend ein leckeres Essen kochte mit allem Drum und Dran: Vorspeise, Hauptgang, Dessert. Ich selbst war damals in Vollzeit berufstätig. Und wie jeder weiß, ist der 24. Dezember ein Arbeitstag. Darum war es für mich nicht immer einfach, die Planung, das Einkaufen und das Kochen zu organisieren. Mein Mann hatte mir schon mehrmals vorgeschlagen, doch etwas Einfaches zu kochen und mir nicht so viel Mühe zu machen. Ich hatte immer abgewehrt mit dem Hinweis, dass ich doch gerne koche. Was ja auch stimmt.

An diesem Weihnachtstag also war ich mittags dabei, einen Schweinebraten in Senfkruste vorzubereiten. »Jauchzet, frohlocket, auf, preiset die Tage«, sang der Chor aus dem Radio das Weihnachtsoratorium von Bach. Ich hatte es auch wirklich bitter nötig, mich in eine frohe Festtagslaune zu versetzen. Denn irgendetwas stimmte nicht mit mir. Ich war den ganzen Tag schon gereizt, führte das aber auf einen lästigen Kollegen zurück, der seit zwei Wochen seinen Anteil an einem Artikel nicht ablieferte und mit dem ich am Morgen ein unerfreuliches Telefonat geführt hatte. Ich hantierte mit dem großen Stück Schweinefleisch für den Braten, einem Prachtexemplar aus der Nuss. Das macht mir normalerweise Spaß, denn ich stamme väterlicherseits aus einer Metzgerfamilie über mehrere Generationen. Mein Uropa hatte eine Metzgerei mit angeschlossener Gastwirtschaft und Kegelbahn gehabt. Schlachtplatte und Hausmacher Leberwurst, diese Liga. Daher wohl meine Liebe zum Essen, Kochen und auch zum Umgang mit Fleisch. Ich dressierte den Braten schön und machte die Marinade zurecht – Senf, Honig und Knoblauch mit ein wenig gemahlenem Piment –, war aber psychisch die ganze Zeit merkwürdig instabil. Irgendwie angefressen, wie man so schön sagt.

Da kam mein Mann in die Küche, beschwerte sich, dass es schon wieder unerträglich heiß hier sei, und öffnete das Fenster, um frische Luft hereinzulassen.

In diesem Moment wollte ich ihm den Schweinebraten an den Kopf werfen.

Ich sah es ganz deutlich vor meinem inneren Auge und sehe es auch heute noch. Ich spüre das Gewicht des Schweinebratens in meiner rechten Hand; ich sehe genau die Wurfbewegung, die mein Arm beschrieben hätte. Ich sehe den Schweinebraten fliegen, und ich kann auch genau sehen, wie er meinen Mann an der rechten Schläfe trifft.

Das wollte ich tun, o ja.

Ein paar Millisekunden nachdem dieses Bild vor meinem inneren Auge aufgetaucht war, erschrak ich über meine Aggression. Um Himmels willen, er hatte nur das Küchenfenster geöffnet, was war denn los mit mir? Der Handlungsimpuls, den ich verspürte, stand in keinem Verhältnis zu der Handlung meines Mannes. Zugegeben – die Debatte über die Wohnungstemperatur war ein Dauerbrenner in unserer Beziehung. Er schwitzte, ich fror. Und dass er in meinem Küchenterritorium das Klima verändern wollte, konnte man als Übergriff verbuchen. Aber deswegen gleich eine Schweinebratenattacke starten, das war doch wohl zu viel.

Ich sagte darum gar nichts und verzog mich in mein Zimmer. Ließ die Küche Küche sein, legte mich auf die Couch und starrte in den Garten. Was war los mit mir?

Nach einiger Zeit der Beruhigung dämmerte es mir: Ich hatte keine Lust zu kochen. Ich war erschöpft, gestresst und ausgelaugt von meiner Arbeit. Daher rührte meine Gereiztheit; der faule Kollege war lediglich der Tropfen, der das Fass zum Überlaufen gebracht hatte. Die Ursache lag tiefer. Ich war nicht im Geringsten in Festtagslaune. Das konnte ich auch gar nicht sein, weil meine Batterien leer waren. Ich wollte heute keinen

Schweinebraten zubereiten, ich wollte keinen Tisch decken, ich wollte überhaupt nicht in der Küche stehen. Ich wollte viel lieber auf der Couch liegen, das Weihnachtsoratorium hören, einen feinen Earl Grey mit Jasminblüten trinken und mich in meine weiche, dunkelrote Decke kuscheln. Etwas in der Richtung. Auf keinen Fall aber kochen. Eigentlich, so wurde mir deutlich, war mir auch die ganzen Jahre vorher das Weihnachtsmenü immer schwer auf die Nerven gegangen. Ich stand immer unter Stress.

Aber ich hatte das nie bewusst registriert!

Meine Mutter hat es genauso gemacht

Ein typischer Fall von Selbstinfiltration. Wie war das gekommen, dass ich einfach, ohne nachzudenken, ein riesiges Menü für den Weihnachtstag vorsah? Die Antwort ist klassisch: Meine Mutter hat es genauso gemacht. Und bei jedem Weihnachtsfest war die Stimmung in der Küche gereizt. Das war für mich normal, so hatte ich es gelernt. Und darum machte ich es genauso, obwohl es mit meinen eigenen Bedürfnissen völlig über Kreuz lag. Durch die Wucht des Impulses, meinem Mann den Schweinebraten an den Kopf zu werfen (dem ich zum Glück hatte widerstehen können), wurde mir das Ausmaß deutlich, in dem ich zu dem Zeitpunkt meine eigenen Bedürfnisse unter den Tisch zwang. Und damit war klar, was zu tun war.

»Ich habe eigentlich keine Lust, heute zu kochen«, erklärte ich meinem Mann, nachdem ich ihn gebeten hatte, sich zu mir auf die Couch zu setzen. »Ich bin erschöpft und ausgelaugt und brauche Ruhe und keine zusätzliche Hektik.«

»Ich sage dir doch schon seit Jahren, dass du nicht jedes Mal so einen Aufwand treiben sollst. Aber du hörst ja nicht auf mich.«

Was soll ich Ihnen sagen: Das stimmte. Seit Jahren bot er an, dass er sein Römertopfgericht kochen und dass man fürs Dessert einfach eine Packung Eis kaufen könnte. Aber ich hatte das nie gehört! Also – gehört hatte ich es schon, akustisch gewissermaßen. Aber es war nie so weit in mein psychisches System vorgedrungen, dass es Konsequenzen für meine Einstellung und mein Handeln gehabt hätte. Seltsam, seltsam. Was die menschliche Psyche so alles kann, nicht wahr? Aus der Motivationspsychologie ist dieser Vorgang bekannt. Solange die menschliche Psyche unter einer Zielvorstellung steht, die aktiv ist, kann die Informationsverarbeitung auf die sogenannte Zielabschirmung umstellen.[12] Alles, was nicht zielführend ist, wird einfach ignoriert. Man kann diese Fähigkeit natürlich auch nutzen, um Ziele zu verfolgen, die man sich selbst herausgesucht hat. Dann entfaltet sie eine segensreiche Wirkung.[13] Wird allerdings ein Ziel abgeschirmt, das gar nicht der eigenen Bedürfnislage entspricht, dann kann es bei zu großem Leidensdruck, wie wir gesehen haben, auch zum Ehestreit kommen.

Ich seufzte tief. Vor Erleichterung. Und nahm einen Schluck Tee. Und dann seine Hand.

»Und, was machen wir jetzt?«, fragte ich.

»Ich fahre zur Tanke und hole Eis. Du machst keine Mousse au Chocolat. Suppe vorher gibt's auch nicht, ich mache einen Salat.«

»Den Braten kann ich jetzt genauso gut in den Ofen schieben, fertig vorbereitet ist er ja eh schon«, wollte ich immerhin noch meinen Beitrag leisten.

»Und als Beilage gibt es *keine* Kartoffelklöße! Einfache Salzkartoffeln tun es auch, die schäle ich. Fertig. Das muss genügen«, bestimmte mein Mann.

»Na ja, das Rotkraut kann ich schon noch machen.« Das war noch drin.

Abgemacht.

Es wurde ein guter Weihnachtstag.

Was war hier geschehen? Ich selbst bin, das haben Sie sich sicher schon gedacht, von Haus aus ein Dünnhäuter. Die Weihnachtstage bedeuteten für mich Stress. Ein Dünnhäuter unter Stress ist empfänglich für fremde Ziele, weil er keinen Zugang zu seinem Selbst hat, wo er die eigenen Bedürfnisse abfragen könnte. Er ist in der Lage, sich in eine selbst geschneiderte Zwangsjacke hineinzuquälen und darin so lange zu bleiben, bis die Qual so groß wird, dass sie sich als überschießende emotionale oder körperliche Reaktion äußert. Das kann ein Nervenzusammenbruch sein, ein Unfall, eine Krankheit. Es kann sich in Aggressionen äußern, in Tobsucht oder in Heulkrämpfen. Zerschmettertes Geschirr, schlagende Türen, aufheulende Autoreifen – solche Vorgänge sind oft einer selbst geschneiderten Zwangsjacke geschuldet, die man viel zu lange gar nicht bemerkt hat. *Man hat sie nicht bemerkt!* Das ist das Teuflische an der Selbstinfiltration.

Wie aber wird das Selbst wieder zugeschaltet? Indem man versucht, den Parasympathikus anzuwerfen. Damals, zu Zeiten des Weihnachtsbratens, wusste ich all das, über was ich heute in diesem Buch schreibe, noch nicht. Das mit dem Sofa und dem Tee habe ich instinktiv gemacht. Zum Glück. Denn ich weiß nicht, ob mein Mann so viele Jahre bei mir geblieben wäre, wenn er bei jedem Weihnachtsfest mit diversen Wurfgeschossen hätte rechnen müssen. Auf Dauer nimmt man so etwas dann ja doch persönlich.

In diesem Buch werden Sie noch viel darüber lernen, wie man den Parasympathikus aktivieren kann, um immer wieder sicherzustellen, dass der Zugang zum Selbst und damit zu den eigenen Bedürfnissen frei ist. Es geht hier nicht darum, ab sofort ein Egoist zu werden. Ich habe das Schweinebratenbeispiel deswegen in dieses Buch aufgenommen, weil es sehr schön den Weg beschreibt, wie durch Wahrnehmung eigener Bedürfnisse friedliche und sachorientierte Verhandlungen möglich werden. Stellen Sie sich das Weihnachtsfest vor, wenn ich es nicht geschafft hätte, meine Bedürfnisse in ruhigem Ton mitzuteilen. Stellen Sie sich vor, der Schweinebraten wäre geflogen. Welche Variante ziehen Sie vor? Die Gesprächs- oder die Wurfvariante? Eben. Gut verhandeln kann nur der, der seine eigenen Bedürfnisse präzise kennt und sie auch verständlich und nachvollziehbar mitteilen kann. Den anderen bleibt nur der Schweinebratenwurf oder die fortdauernde Selbstkasteiung, je nach Temperament. Beides führt jedoch zu einer Unterdrückung des Parasympathikus und wirkt sich ungünstig auf unsere Gesundheit aus. Nun sind Sie sicher gespannt, wie man sich diese Wirkung des Parasympathikus erklären kann. Das nächste Kapitel ist darum der Medizin gewidmet.

3 Medizinische Gründe für Mañana-Kompetenz

Zufrieden leben mit dem Parasympathikus

Der Star dieses Buches ist der Parasympathikus. Ihn gezielt zu aktivieren, das ist Mañana-Kompetenz. Das klingt zunächst ziemlich medizinisch und abstrakt. Aber keine Angst: In diesem Kapitel geht es auch um Medizin, aber in einem ganz praktischen Sinn. Wie wir im vorangegangenen Kapitel gesehen haben, ermöglicht der Parasympathikus den Zugang zu uns selbst. Aus medizinischer Sicht verhilft er zur Regeneration, zur Heilung und zur Erotik sowie zu einem zufriedenen Lebensgefühl. Der Parasympathikus hat also viel mit innerer Ruhe und Entspannung zu tun.

Offensichtlich haben wir dies nötiger denn je, zumindest wenn man die Wellnessangebote wie Hot Stones, Vital Aging, Sensual Detox bis zum Achtsamkeitstraining betrachtet, die in den letzten Jahren wie Pilze aus dem Boden schießen. Allein das unendliche Angebot von jährlich neuen Entspannungsbüchern spricht für sich. Aber warum fällt uns Entspannung heute oft so schwer? Die Antwortet lautet: Dauerstress. Unter Dauerstress können wir nicht mehr entspannen – sogar dann nicht, wenn wir eigentlich Gelegenheit dazu hätten. Man weiß heute sehr gut, dass dadurch viele Krankheiten begünstigt werden.[14] Von Rückenschmerzen bis hin zu Schlafstörungen reichen die Beschwerden, die auf Dauerstress zurückgehen und die Hitliste der Fehlzeitenstatistiken erobern.[15] So hören wir immer häufiger beim Arzt, wenn mal wieder keine genauen Ursachen für verschiedene Beschwerden von Fußjucken bis Ohrgeräusch gefunden werden, den guten Rat: »Machen Sie sich doch weniger Stress.« Nur: Wie genau soll das gehen?

Die Forschung kennt inzwischen typische Auslöser von belastendem Dauerstress. Hohe Anforderung, ohne selbst Entscheidungsspielraum zu haben, kaum Kontrolle über die eigene Arbeitssituation und keine Aussicht, für seine Anstrengungen auch belohnt zu werden, das sind Stressfaktoren pur. Fehlen Wertschätzung und Anerkennung von Kollegen oder sogar in der Familie, wird es besonders belastend.[16] Unser Körper sieht darin eine Gefahr, und die erste Abwehrreaktion besteht in noch mehr Anstrengung und noch mehr Belastung, um den Anforderungen vermeintlich gerecht zu werden. Doch in Wirklichkeit führt Dauerstress zu Aktionismus und bewirkt eine Abnahme der Leistungsfähigkeit. Mündet dieser Teufelskreis dann in Hoffnungslosigkeit, Einsamkeit und Verzweiflung, reagiert der Körper mit der zweiten Abwehrreaktion, der Lähmung. Es ist eine Art Todesstarre, in der nichts mehr geht – modern ausgedrückt: der Burn-out. Doch der Reihe nach. Beginnen wir mit dem Dauerstress, und zwar in einer Form, die sogar Spaß macht.

Ich lebe meinen Traum

In unsere Seminare und in die Sprechstunden kommen immer mehr Menschen, die von sich sagen, dass sie genauso leben, wie sie es sich immer erträumt haben. Sie haben keine Schicksalsschläge zu verkraften, leben in finanzieller Sicherheit, werden von ihren Mitmenschen geachtet und geschätzt und umgeben sich mit schönen Dingen. Es ist alles da zum Glücklichsein. Und trotzdem geht es ihnen nicht gut. Bei diesen Menschen, die eigentlich sehr zufrieden wirken und trotzdem unter Stress und seinen Folgen leiden, sind die Zusammenhänge auf den ersten Blick rätselhaft. Tatsächlich sind dies typische Fälle mangelnder Mañana-Kompetenz.

Nicht alle finden Ruhe und Entspannung erstrebenswert. Es gibt Menschen, die gerne unter Strom stehen und sich gar nicht vorstellen können, die Dinge etwas lockerer anzugehen. Ob als Künstler, Sportler, Manager oder Familienmensch – sie haben ihren Traumberuf, in den sie ihre ganze Leidenschaft legen und in dem sie dementsprechend erfolgreich sind. Solchen Menschen fällt es regelrecht schwer, Urlaub zu nehmen oder am Wochenende mal etwas ganz anderes zu tun. Es macht einfach zu viel Spaß, ständig Gas zu geben. Das kann eine ganze Weile gut gehen. Aber irgendwann – bei dem einen früher, bei dem anderen später – kommt Sand ins Getriebe. Da ist mit einem Mal die hartnäckige Infektion, die man sich im Urlaub eingefangen hat und die das ganze Jahr über nicht mehr weggeht, da ist plötzlich dieses Ohrgeräusch, die Stimmungen schwanken auf unerklärliche Weise, und schließlich fehlt jegliche Lust auf Sex.

Ein junger Unternehmer kam in die Sprechstunde. Seit einigen Monaten ist er öfter zittrig, erzählte er mir, und kann sich nur noch sehr schwer konzentrieren. Nachts liegt er meist wach. Er hat schon regelrecht Angst, nicht einzuschlafen, deshalb hat er sich ein ziemlich starkes Schlafmittel als »Notfallmedikament« besorgt. Er fühlt sich ausgebrannt und erschöpft. 20 Jahre war er nicht krank gewesen; nun genügt das Niesen eines Mitarbeiters, und er steckt sich an. Früher hat er Leistungssport betrieben, jetzt fühlt er sich nach dem Sport kraftlos anstatt fit. Haare fallen ihm aus, und der Piepton im Ohr wird zum Dauerzustand. Die Potenz ist schließlich auch beim Teufel.

Seine Lebenssituation schilderte er so: Vor zehn Jahren entwickelte er eine geniale Software. Tag und Nacht hat er an dem Produkt gebastelt und schließlich eine Firma gegründet. Seit dieser Zeit ging es beruflich ständig bergauf. Inzwischen gibt es über 100 Mitarbeiter. Große Unternehmen wollten mehrfach die Firma kaufen; er lehnte jedoch ab, weil er gerne Unternehmer ist und sich dadurch auch seinen angestellten Mitstreitern verantwortlich fühlt. Inzwischen haben auch große Unternehmen die Marktlücke entdeckt, und die kleine Firma musste schnell wachsen, um konkurrenzfähig zu bleiben. Dieser Schritt ist ebenfalls gelungen, sodass der Wert des Unternehmens inzwischen beträchtlich gewachsen ist. Finanziell kann er sich sehr viel leisten, und er macht schöne Urlaube. Und dennoch: Obwohl er seinen beruflichen Traum verwirklicht hat, obwohl er in einer glücklichen Beziehung lebt, fühlt er sich leer, ausgebrannt und kränkelt.

Eine 25-jährige Floristin hatte die wunderbare Geschäftsidee für einen Laden mit dem Namen »Rosenfee«. Die »Rosenfee« sollte sich auf das Thema Rosen in allen Spielarten konzentrieren. Alte Rosensorten für den Garten, Schnittrosen für zauberhafte Sträuße, Kochkurse zum Thema »Rosen in Küche und Konditorei«, Rosenkosmetika und Rosenaccessoires aus aller Herren Länder, das war das Konzept. Ihr Lebenspartner willigte ein, das Büro zu übernehmen, und die beiden beantragten einen Existenzgründungskredit, der auch bewilligt wurde. Nach drei Jahren begab sich die junge Frau freiwillig für sechs Wochen in eine psychosomatische Klinik. Sie konnte einfach nicht mehr, war erschöpft, hatte einen Nervenzusammenbruch bekommen und daraufhin von ihrer Hausärztin die Burn-out-Diagnose. Im Gespräch kommt heraus, dass sie sich beim besten Willen nicht erklären kann, warum sie nun auf einmal krank sein soll, wo doch eigentlich ihr Lebenstraum in Erfüllung gegangen ist. »Der Tag, an dem ich zusammen mit meinem Partner die ›Rosenfee‹ eröffnet habe, ist der glücklichste Tag meines Lebens. Die Arbeit für meinen Laden hat mich tagaus, tagein aufs Höchste inspiriert«, beteuert sie verzweifelt. Nie wollte sie irgendeine andere Arbeit tun als gerade diese. Burn-out-Patienten hat sie bisher immer als von ihrer Arbeit frustrierte Menschen wahrgenommen. Nie hätte sie gedacht, dass auch jemand, der für seine Arbeit Feuer und Flamme ist, Burn-out-gefährdet sein kann. In der erzwungenen Auszeit der psychosomatischen Rehabilitation lernte die junge Inhaberin der »Rosenfee«, dass auch das Glück gut dosiert sein will, wenn es gesund wirken soll.

Was sind die medizinischen Hintergründe dieses scheinbaren Widerspruchs? Wir sehen solche Menschen leider erst dann, wenn derartige Symptome schon dabei sind, ihnen die Lebensqualität zu rauben. Keine Frage, es wäre besser, vorher die Weichen in Richtung Mañana-Kompetenz zu stellen, mit deren Hilfe man lange Gas geben kann und trotzdem gesund und zufrieden bleibt. Diejenigen, die gerne Gas geben und dabei erfolgreich sind, stellen die härtesten Fälle mangelnder Mañana-Kompetenz dar, die wir zu knacken haben, denn solchen Menschen ging es bis dahin ja prima. Man kann ihnen nicht mit Klangschalen, Wellness-Tamtam oder Selbstfindungskursen à la Stricken für den Weltfrieden kommen, wenn man ihnen rechtzeitig die Notwendigkeit eigener Mañana-Kompetenz klarmachen will. Solche Menschen brauchen handfeste medizinische Erklärungen, weshalb ein Leben auf der Überholspur, auch wenn es richtig Spaß macht, zwangsläufig zu gesundheitlichen Problemen führt. Dazu starten wir mit einem kleinen Stress-Update.

Wer hat Stress »erfunden«?

Den Begriff Stress benutzte als Erster der amerikanische Physiologe Walter B. Cannon. Er bezeichnete damit störende Einflüsse auf das »innere Milieu« eines Menschen. Dieses innere Gleichgewicht nannte er Homöostase.[17] Die enorme Popularität des Begriffes »Stress« begann mit den Arbeiten des kanadischen Arztes für experimentelle Medizin Hans A. Selye. Selye war der Erste, der ab 1936 vor allem auf die Krankheitsbedeutung von Stress hinwies. Zu dieser Erkenntnis war er durch Experimente mit Versuchstieren gelangt. Diese setzte er massiven Bedrohungen wie Kälte, Hitze, Nahrungsmangel oder Verletzungen aus und stellte dann Veränderungen an der Nebenniere und den Lymphknoten fest, aber auch Magengeschwüre kamen vor.[18]

Das Betriebssystem des Körpers

Heute wissen wir, dass bei der Stressreaktion Bereiche des Gehirns, das Hormonsystem und ganz besonders das vegetative Nervensystem sehr komplex zusammenwirken. Schauen wir uns die Rolle des vegetativen Nervensystems genauer an. Es erlaubt uns blitzschnelle unbewusste Anpassungsreaktionen, ohne die das Leben viel beschwerlicher und zum Teil unmöglich wäre. Man könnte das vegetative Nervensystem auch als Betriebssystem des Körpers bezeichnen. Es funktioniert unbewusst im Hintergrund und macht die vielen schönen, bunten Programme, die wir dann am Computer bewusst nutzen, erst möglich.

Wenn wir beispielsweise in einen See springen, dessen Temperatur 15 Grad beträgt, verengen sich blitzschnell unsere Gefäße an Armen und Beinen, um unsere Körperkerntemperatur von 37 Grad zu sichern. Würde dieser Vorgang bewusst ablaufen, dann verliefe das ungefähr so: Meine Thermorezeptoren melden ans Großhirn viel zu kaltes Wasser, das Großhirn analysiert daraufhin eine Gefahr, nämlich dass wir zu viel Wärme an das kalte Wasser verlieren. Dies stellt eine Bedrohung für unsere Körperkerntemperatur von 37 Grad dar, die wir aber benötigen, damit unsere inneren Organe gut funktionieren. Nun müssen wir uns eine Strategie gegen den Wärmeverlust in unserem Körperkern überlegen. Nach Abwägung mehrerer Möglichkeiten entscheiden wir, die Gefäße an Armen und Beinen zu verengen.

Sie ahnen, um was es geht. Das Ganze würde viel zu lange dauern. Bevor die Gegenreaktion eingeleitet würde, wären wir schon längst lebensgefährlich unterkühlt. Unser vegetatives Nervensystem hingegen erledigt den Vorgang blitzschnell und effektiv, ohne dass wir darüber nachdenken müssten. Wie es uns genauso ermöglicht, nach einem gemütlichen Mittagsmahl optimal zu verdauen oder bei Krankheitserregern unser Immunsystem, die Körperabwehr, zu aktivieren. Auch Sexualität wäre ohne die Automatismen des vegetativen Nervensystems nicht möglich. Dazu später mehr.

Sympathikus und Parasympathikus

Das vegetative Nervensystem mit seinen unbewussten Reaktionen teilt man ein in den Sympathikus und den Parasympathikus. Das sind zwei getrennt verlaufende Nervenstränge, die sich von ihren Zentren im Stammhirn zu den verschiedenen Andockstellen (Rezeptoren) im Körper ziehen: zu Organen, Gefäßen, Drüsen. Dabei haben die meisten Körperstrukturen Andockstellen sowohl für den Sympathikus als auch den Parasympathikus. Über diese Andockstellen können Organe aktiviert oder gehemmt werden.

Wie spielen nun Sympathikus und Parasympathikus zusammen? Dazu ein Beispiel aus der Steinzeit: Ein Ururahne trabt gemütlich pfeifend durch die Steppe. Plötzlich sieht er einen Löwen. Blitzschnell reagiert sein Körper mit einer Anpassung, die ihm Flucht oder Kampf ermöglicht. Die Muskulatur spannt sich an, der Herzschlag wird schneller, und der Blutdruck steigt. Die Bronchien werden weiter, um genügend Sauerstoff über die Gefäße in die Muskulatur zu pumpen. Die Sinnesorgane werden aktiviert, es weiten sich zum Beispiel die Pupillen, das Gehör wird geschärft. Unser Steinzeiturahn ist plötzlich hellwach. Die Schmerzwahrnehmung wird heruntergefahren, damit er weiterrennen kann, auch wenn er sich den Knöchel verstaucht. Die Blutgerinnung wird beschleunigt, damit wir bei etwaigen Verwundungen nicht verbluten. Aus den Fettreserven wird Zucker ins Blut abgegeben, aus der Muskulatur werden Proteine bereitgestellt, um den nun beanspruchten Muskelgruppen Energie und Substanz zur Verfügung zu stellen. Sogar die unzähligen winzigen Haarmuskeln reagieren, nämlich um unseren Urahnen die vielen Haare zu Berge stehen zu lassen. Der erscheint mit seinem üppigeren Haarkleid somit optisch größer. Bleibt zu hoffen, dass der Löwe dadurch seinerseits einen tüchtigen Schrecken bekommt.

Dies alles ist das Werk des Sympathikus. Er hat dabei einen wichtigen Helfer, das Schreckhormon Adrenalin, welches bei Gefahr ins Blut freigesetzt wird und den Sympathikus sehr wirkungsvoll unterstützt. Alle Systeme jedoch, die nicht unmittelbar zum akuten Überleben notwendig sind, wie etwa die Verdauung, werden heruntergefahren, um Energie zu sparen. Das alles passiert in Sekundenbruchteilen und selbst dann, wenn wir lediglich ein Blätterrascheln hören oder einen bestimmten Geruch wahrnehmen, hinter dem wir einen Löwen auch nur vermuten.[19]

Wenn unser Urahn nach erfolgreicher Flucht in seine sichere Höhle zurückkehrt, lässt der Schreck langsam nach, und der Parasympathikus kann das Ruder übernehmen. Über seine Nervenbahnen und Andockstellen reguliert er nun alle Fluchtorgane zurück in den Schongang: Das Herz beruhigt sich und schlägt wieder langsamer, die Muskulatur entspannt sich, der Blutdruck kann sinken. Die Leber speichert unverbrauchten Blutzucker als Fettreserven ein. Das Immunsystem kann sich wieder auf langfristige Abwehraufgaben konzentrieren, die Verdauung beginnt wieder richtig zu arbeiten, und sexuelle Schlüsselreize können wieder ihre Wirkung entfalten. Auch der Parasympathikus hat einen wirkungsvollen Helfer, das Zufriedenheitshormon Serotonin. Im Zusammenspiel mit dem Parasympathikus sorgt

Serotonin für eine zufriedene, entspannte Stimmung, während Depression meist mit niedrigen Serotoninspiegeln im Blut einhergeht.[20]

So kann sich schließlich ein Zustand der Muße entwickeln, in dem man sich angenehm erholt und neue, kreative Ideen entstehen – der Mañana-Zustand eben! Unser Steinzeitmensch baut in diesem Zustand Kräfte auf für zukünftige Gefahren und entwickelt Ideen, um einer Bedrohung besser entrinnen zu können. Er baut vielleicht raffinierte Löwenfallen oder Wurfspeere, die

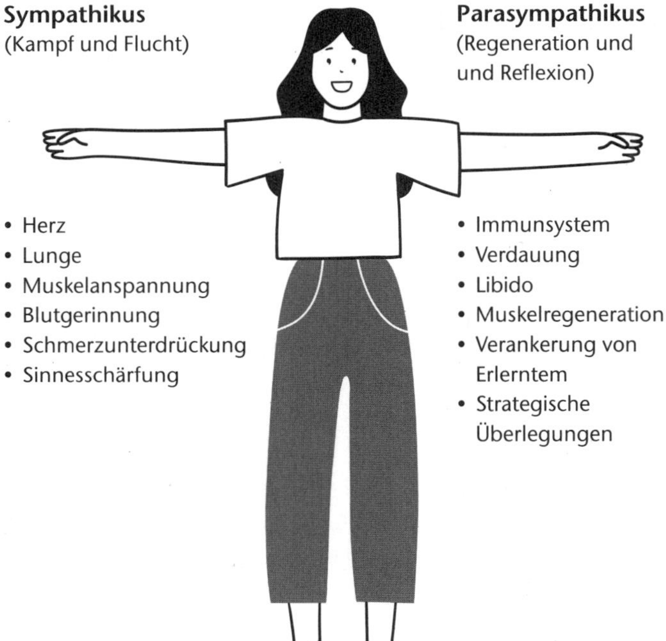

Vegetatives Nervensystem

wuchtiger und zielgenauer fliegen. Dann muss beim nächsten Mal der Sympathikus nicht so heftig reagieren, wenn sich ein Löwe nähert. Denn mit vollen Körperreserven und neuen Fähigkeiten kann sich unser Ururahn besser wehren. Schließlich finden wir im Zustand der Muße den Selbstzugang zu unseren emotionalen Bewertungssystemen, mit denen wir gut erkennen können, ob unser Handeln authentisch ist und ob es uns nützen wird, oder ob wir besser einen anderen Weg ausprobieren sollten. Wenn wir dadurch das Gefühl entwickeln, eins mit uns selbst zu sein, dann ist die Grundlage dieses Gefühls ein aktivierter Parasympathikus.

Yin und Yang

Sympathikus und Parasympathikus – beide sind also für unser Überleben notwendig. Der eine, um eine Herausforderung zu bewältigen, der andere, um die Ressourcen für ein langfristiges Überleben aufzubauen. Jeder zu seiner Zeit. Der Sympathikus hat die Funktion, alles in uns zu aktivieren, was Kampf oder Flucht ermöglicht. Der Parasympathikus versetzt uns in die Lage, uns zu regenerieren und das Erlebte zu verarbeiten.

Eine gute Balance dieser zwei Kräfte galt schon in uralten Heilslehren als Grundlage der Gesundheit. Die Vorstellung einer vegetativen Homöostase trägt dieses alte Wissen in die Neuzeit. Immer geht es um den richtigen Wechsel von Anstrengung und Entspannung; nie um einen Zustand, in dem eines der zwei Systeme zu lange dominiert.

Es gibt wohl kein schöneres Zeichen, das diese Dynamik eines gesunden Gleichgewichts besser ausdrückt als das chinesische Zeichen für Yin und Yang.

Yin und Yang

Dieses Zeichen steht für zwei untrennbar verbundene Gegensätze, die sich ständig abwechseln und dadurch im Gleichgewicht sind – Aktivität und Ruhe, Tag und Nacht, männlich und weiblich. Immer wenn ein Teil des Ganzen kleiner wird, wird der andere größer. Und jeder enthält immer einen kleinen Teil des anderen. Kein Teil verdrängt seinen Gegenpart gänzlich, weil er ohne den anderen nicht existieren kann. Homöostase entsteht somit nicht durch einen starren Zustand, sondern durch einen gesunden Wechsel zwischen Sympathikus und Parasympathikus. Gestört wird sie, wenn ein Teil dauerhaft den anderen unterdrückt. Dies kann auch auf einen zu hohen Anteil des Parasympathikus zurückzuführen sein, wenn wir uns beispielsweise zu Tode langweilen. In diesem Buch geht es jedoch um eine Schieflage bedingt durch einen zu hohen Anteil des Sympathikus – ein Problem, das besonders mit der Zeit zu tun hat, in der wir leben.

Der moderne Mensch und sein Dauerbrenner Sympathikus

Wir brauchen einen funktionsfähigen Sympathikus, um unsere normalen Alltagsanforderungen erfolgreich zu meistern. Der Parasympathikus hat dann wenig zu melden. Das macht Sinn, denn wenn unser Steinzeitmensch vor dem Löwen flieht, dann sollte er seine Energie darauf verwenden, anstatt sein Frühstück ordentlich zu verdauen und dann selbst als solches zu enden. Auch die Steinzeitkinder konzentrierten ihre Kräfte in solchen Situationen nicht auf Wachstum, sondern mussten erst einmal schnell genug auf einen Baum klettern können (was den Minderwuchs bei Menschen erklärt, die in ihrer Kindheit extrem belastenden Situationen wie etwa einem Kriegsgeschehen ausgesetzt waren). Unwichtig ist es auch, auf der Flucht qualitativ gute Samenzellen und Eizellen zu produzieren, geschweige denn, Lust zu bekommen, diese Qualität einzusetzen. Auch der Körpercheck auf langfristig gefährliche Infektionserreger hin spielt in Momenten einer akuten Lebensbedrohung keine Rolle.[21] In den nächsten Minuten geht es allein ums Überleben, und deshalb optimiert der Sympathikus alles auf dieses Ziel hin. Alles kein Problem, wenn man sich danach in seiner sicheren Höhle regenerieren kann und die Homöostase ihre gesunde Wirkung entfaltet. Doch wir leben nicht mehr in der Steinzeit.

Würde unser Urururahn in die heutige Zeit gebeamt, würde er sich wahrscheinlich erst einmal Augen und Ohren zuhalten müssen angesichts der massiven optischen und akustischen Reizüberflutung. Da genügt ein Blick in ein modernes Büro genauso wie in ein modernes Kinderzimmer. Überall piept, blinkt und rattert es.

Wir müssen gar nicht so weit zurückblicken, um zu erkennen, in welchen Dimensionen sich unser Alltag verändert hat. Vor der Erfindung der Glühbirne war es selbst in Großstädten nach Sonnenuntergang dunkel. Öllampen und Wachskerzen erzeugten ein höchstens schummriges Licht. Man musste sich zwangsläufig zur Ruhe begeben. Heute wird die Nacht zum Tag gemacht. Autolärm, Handyklingeln, Sirenen, Bildschirme, nächtliches Flutlicht, wo man geht und steht. All dies bedeutet für unseren Sympathikus eine mögliche Gefahrenquelle, auf die er reagieren muss. Wie beim Steinzeitmenschen werden unsere Flucht- und Kampfsysteme aktiviert, und die Regenerationssysteme werden unterdrückt. Und das, obwohl uns heute Muskelkraft und Schnelligkeit kaum Vorteile bringen. Heute haben wir eindeutig andere Probleme.

Körperliche Stressreaktionen sind heute oft kontraproduktiv

Noch vor 100 Jahren waren die Sorgen und Gefahren unserer Vorfahren schon im Kindesalter viel unmittelbarer und bedrohlicher als gegenwärtig. Das tägliche Brot, das Dach über dem Kopf, Hygiene besonders bei der Nahrungsherstellung – das alles war keine Selbstverständlichkeit. Man musste sich viel mehr auf das augenblickliche Überleben konzentrieren. Die Menschen starben an Tuberkulose, Diphtherie, Kindbettfieber, die heute alle kein wesentliches Problem mehr darstellen. Die Lebenserwartung war nur halb so hoch wie heute. Ein Baby, das 2020 in Deutschland geboren wurde, hat eine durchschnittliche Lebenserwartung von 81 Jahren. Dies für alle, die in romantischer Verkennung der Vergangenheit davon schwärmen, dass das Leben damals viel natürlicher und die Menschen deshalb gesünder gewesen seien.

Nein, das Leben war damals für die allermeisten hart, beschwerlich und viel kürzer. Der Tod war von Kindheit an ein enger Begleiter und raffte regelmäßig Spielgefährten dahin. Ein intakter Sympathikus, der für eine schnelle Reaktion auf Gefahrensituationen sorgte, machte für das unmittelbare Überleben Sinn. Im Ernstfall auch auf Kosten des gesunden Parasympathikus, wenn es darum ging, vor einer Gefahr wegzulaufen oder ein Stückchen Brot zu ergattern. Für uns Zivilisationsmenschen birgt die Fähigkeit des Sympathikus, den Parasympathikus zu unterdrücken, jedoch große Probleme. Aus zwei Gründen: Trotz der viel günstiger erscheinenden Lebensumstände ist unser Sympathikus viel häufiger aktiv als früher. Und wir werden viel älter und sind somit den langfristigen gesundheitlichen Nachteilen ausgesetzt.

Es kann uns nämlich heute leicht passieren, dass wir uns von morgens bis abends in einer Art körperlicher Generalmobilmachung befinden, so als müssten wir den ganzen Tag vor einem Löwen flüchten. Unsere hauptsächlichen Stressverursacher sind heute jedoch psychischer Art. Den Säugetieren und auch den Menschen in der Steinzeit sind und waren die Stressfaktoren wie Geldsorgen, Prüfungsstress, Angst vor Arbeitslosigkeit oder ständiger Termindruck völlig fremd. Mittelalterliche Schuhmacher kannten keinen Stau auf der Autobahn, verwirrende Telefontarife, keine 120 Fernsehprogramme, von denen 118 ständig über die neuesten Katastrophen berichten – ganz zu schweigen von täglichen Formularen, die kein Mensch mehr verstehen kann. All das setzt uns unter Strom und aktiviert damit den Sympathikus. Der wiederum aktiviert wie eh und je Muskelanspannung und Blutdruck, ohne dass uns dies besonders hilft, wenn der Computer schon wieder abgestürzt ist, der Internetanbieter schon wieder die falsche Rechnung geschickt hat oder die Kinder ihr Zimmer mal wieder nicht aufgeräumt haben. Diese Daueraktivierung wirkt sogar dann weiter, wenn wir uns eigentlich entspannen könnten, in Pausen oder sogar im Urlaub.

Stresshormone – die Elitetruppen des Sympathikus

Auch wenn dieser Dauerstress anfangs sogar Spaß macht, läuft letztlich jede Form von Dauerstress auf ineffizientes Durchhalten hinaus. Eine entscheidende Rolle spielen dabei wichtige Helfer des Sympathikus, die Stresshormone. Eines haben wir schon kennengelernt, das Schreckhormon Adrenalin. Es aktiviert in einer Schrecksekunde alle Sinne und Muskeln, um ohne nachdenken zu müssen einer aktuellen Gefahr blitzschnell zu entgehen. Weitere wichtige Mitspieler im Stressteam sind: das Begeisterungshormon Dopamin, das Euphoriehormon Endorphin sowie das Durchhaltehormon Dopamin.

Zwei davon erklären, wie man sich über die anfängliche Begeisterung für eine Sache zu einem aktionistischen Stressjunkie entwickelt. Voller Leidenschaft in der Verwirklichung einer genialen Idee, eines Projektes oder der Planung eines Familienfestes aufzugehen, Raum und Zeit zu vergessen, eins mit sich selbst und der Umwelt zu sein – diesen Zustand nennt man auch »Flow«. Flow ist toll, und es ist zu wünschen, dass jeder Mensch oft und regelmäßig Flow erleben darf. Doch wieder mal macht die Dosis das Gift aus. Es kann auch des Guten zu viel geben. Um zu verstehen, wie man trotz permanenten Flows in Depression und Krankheit abrutschen kann, kommen nun zwei neue Mitspieler ins Team: das Begeisterungshormon Dopamin und das Euphoriehormon Endorphin. Und das funktioniert so.

»Mir geht's doch prima« – der Dopaminrausch

Immer dann, wenn wir über unser Verhalten zu einem Ziel gelangen wollen, das mit einer Belohnung verbunden ist, brauchen wir Dopamin.[22] Dopamin sorgt dafür, dass wir langfristig besonders aufmerksam und wach sind. Es hilft uns, alle Kräfte einzusetzen, um ein fernes, attraktives Ziel zu erreichen, wie etwa einen Schulabschluss, eine Beförderung oder das Schreiben eines Buchs. Dopamin entfaltet dabei seine Wirkung hauptsächlich im Gehirn. Es bewirkt, dass wir sehr motiviert sind, vor allem dann, wenn wir für unsere Aktivität eine Belohnung erwarten können.[23] Dopamin liebt die nicht ganz leichten Aufgaben. Dann sorgt es dafür, dass wir besonders sorgfältig arbeiten. Leichte Aufgaben findet Dopamin langweilig und hält sich in seiner Wirkung zurück. Dies erklärt, warum sich seltsamerweise besonders bei leichten Aufgaben ständig Flüchtigkeitsfehler einschleichen, die bei anspruchsvoller Tätigkeit viel weniger vorkommen. Ohne Dopamin wären wir lust- und antriebslos. Wir hätten schlicht keinen Bock.

Dopamin kann noch mehr. Es erhöht die Informationsdichte, indem es den Informationsfilter im Gehirn abschaltet, mit dem wir uns normalerweise vor einem Informationsübermaß schützen. Mit diesem Filter werden normalerweise Informationen gesperrt, die uns bei einer Tätigkeit stören, Uhrenticken etwa, wenn wir gerade ein Buch lesen. Diese Hemmung brauchen wir also, wenn wir abschalten wollen, wenn wir mal fünfe gerade sein lassen und nicht an den Ärger im Büro denken wollen.[24] Dopamin hingegen lässt uns alles wahrnehmen, was um uns herum passiert – ständig auf der Suche nach allem, was uns der Belohnung näherbringen könnte.

Problematisch wird es, wenn wir uns mithilfe von Dopamin Hindernisse und Bedenken schönreden. Wir wollen einfach Gas geben, langweilige Bedenkenträger, die zu einer Pause raten, sind eher lästig. Unter dieser Voraussetzung können wir in einen regelrechten Schaffensrausch gelangen, wir lernen wie die Weltmeister, interessieren uns für alles und jedes, erledigen die Arbeiten der anderen gleich mit – kurz, wir laufen zu Höchstform auf. Werden wir für unsere Leistungen dann entsprechend belohnt, suchen wir schon die nächste Bewährungsprobe. Erledigen wir auch diese erfolgreich und winkt wieder eine Belohnung, kann das Spielchen ziemlich lange weitergehen, bis – ja, bis es zu viel wird.

Dann kippt die Wirkung von Dopamin ins Negative. Denn ein Ziel erreichen wir am besten, wenn unser Aufmerksamkeitsgrad hoch, aber nicht zu hoch ist. Hält der Dopamin-Rauschzustand zu lange an, führt zu viel Dopamin von der wachen Aufmerksamkeit zur Erregtheit, dann zur Aufgeregtheit und schließlich zur Fahrigkeit – also in einen Zustand der Zerstreutheit, bei dem wir tausend Sachen um uns herum registrieren, aufgreifen, aber nicht in einen sinnvollen Zusammenhang bringen oder gar entscheiden können, was zuerst zu tun ist.[25] Wir wechseln sprunghaft von einer Aufgabe zur nächsten, und am Ende leidet auch die Leistung darunter.

Wenn ich für eine Managerschule Kurse gebe, dann

finden diese in exklusiven Hotels und in den schönsten Landschaften der Schweiz statt. Doch was machen die meisten meiner Teilnehmer? Genießen sie in den Pausen und am frühen Abend die landschaftlichen Angebote oder wenigstens die Wellnessabteilung des Hotels? Leider nein. In den Pausen werden regelmäßig E-Mails gecheckt. Am Ende des Seminartages verschwindet die Hälfte der Teilnehmer in ihren Zimmern, um an Telefonkonferenzen teilzunehmen oder mit Mitarbeitern den nächsten Tag zu besprechen. Arbeiten sie in einem globalisierten Unternehmen, ist es noch schlimmer. Da kann man dann die Schlaflosigkeit bis Mitternacht für die Bearbeitung frischer E-Mails vom Nachmittag aus den USA nutzen und die nach Mitternacht mit frischen E-Mails vom Morgen aus China verbringen. Und da man nur unter der Voraussetzung ständiger Erreichbarkeit am Seminar teilnehmen durfte, haben viele ihre Smartphones auch während des Seminars online, um jederzeit E-Mails beantworten zu können. Ich bin sicher, die meisten Teilnehmer werden sich zu Hause nicht an das Bergpanorama, den Geruch der Natur oder die Liegewiese der Wellnessabteilung erinnern.

Zu Hause ist es auch nicht viel besser. Oft schildern mir Patienten folgende wiederkehrende Situation: Daheim legt man sich dann aufs Sofa zum Entspannen – eigentlich. Denn man hat die Rechnung ohne das Dopamin gemacht. Es hält die Erwartungshaltung und Lust auf Neues, Spannendes immer noch hoch. Also wird der Fernseher eingeschaltet. Und was läuft? Eine stimmungsvolle Reportage über die australische Tierwelt mit langen Kameraschwenks über zauberhafte Sonnenuntergänge. Oder noch viel schlimmer fürs Dopamin – ein alter *Tatort*. Zwar könnte man den behäbigen Textfluss und die Zeit nutzen, die den Tieren beim Balzen oder dem Kommissar beim Verhör eingeräumt wird, um langsam Dopamin abzubauen und damit die Parasympathikus-Sperre aufzuheben. Das Zufriedenheitshormon Serotonin könnte sich breitmachen und seine entspannende Wirkung entfalten. Doch dazu kommt es nicht. Denn es gibt etwas, dem der vom Dopamin beherrschte Zeitgenosse nicht widerstehen kann – die Fernbedienung. Dopamin möchte wissen, was auf dem anderen Kanal läuft. Beim Zappen setzen wir uns einer Flut unterschiedlicher optischer und akustischer Impulse aus. Nach vier Stunden und 20 Programmen gleichzeitig fühlt man sich innerlich leer, keiner einzigen Geschichte oder Reportage konnte man inhaltlich folgen.

»Ich will mehr« – die Endorphinsucht

Bei Marathonläufern kennt man das Phänomen des sogenannten Runner's High. Die letzten 30 Minuten waren die Hölle, die Knie schmerzen, der Rücken will nicht mehr und das Atmen fällt schwer; trotzdem erleben manche Läufer eine Art euphorischen Zustand. Biologisch erklärt man sich dies mit der Ausschüttung körpereigener stimmungsaufhellender Stoffe, der Endorphine. Endorphine senken die Schmerzschwelle und werden deswegen unter akuter Belastung aktiv. Normalerweise führen Schmerzen dazu, dass wir die schmerzhaften Körperteile schonen, um so den Heilungsprozess zu unterstützen. Wenn wir auf der Flucht sind, geht das nicht. Schmerzen würden stören. Wenn wir uns also beim Weglaufen verletzen, merken wir das nur kurzzeitig. Endorphine sorgen schnell dafür, dass wir den Schmerz nicht mehr spüren, und wir können unbehindert weiterlaufen.[26] Die Wirkung von Endorphinen kann extrem stark sein. So erklären sich die Berichte zum Beispiel von Soldaten, die erst nach dem Ende der Kampfhandlungen bemerkten, dass ihnen Gliedmaßen abgetrennt wurden.

Wir können davon ausgehen, dass es Menschen gibt, die bei starken Belastungen zu einer hohen und lang anhaltenden Endorphinausschüttung neigen. Dadurch fühlen sie sich in Hochstimmung und können Körpersignale, die eine Pause anmahnen, lange ignorieren. Sie suchen regelrecht extremen Stress, und zwar auf allen Gebieten. Frau Müller ist Modefotografin, sie liebt ihren Job und ist eine regelrechte Workaholic. Ihr Beruf bietet dazu alle Möglichkeiten, sie jettet um die ganze Welt, immer mit Termindruck und Hektik am Einsatzort. Eine weitere Möglichkeit für Frau Müller, sich durch Stress in Hochstimmung zu versetzen, sind Diäten. Da hat sie schon alle Methoden ausprobiert. Obwohl bei Kleidergröße 40 völlig normalgewichtig, fühlt sie sich viel zu dick. Eine gute Ausrede, um sich durch Hunger zu euphorisieren.[27] Neuerdings hat sie eine weitere Belastungsmöglichkeit gefunden: Fitnesssport.[28] Mit Begeisterung trainiert sie für Marathonläufe und nimmt an mehreren Wettkämpfen pro Jahr teil. In die Sprechstunde kommt sie nur, wenn lästige Infektionen einfach nicht mehr abklingen wollen (warum Dauerstress besonders für das Immunsystem schädlich ist, erkläre ich gleich). Zuletzt wollte sie ein Mittel gegen Durchfall, um anschließend bei brütender Hitze vier Stunden im heißen Auto zu einem Nachtmarathon zu fahren. Das ist Suchtverhalten reinster Güte mit Daueraktivierung des Sympathikus.

Vielleicht erklärt ein solches Suchtverhalten auch, warum es manchen Menschen so schwerfällt, abends im Berufsverkehr mit Tempo 70 gemütlich nach Hause zu fahren, eine entspannende Musik einzulegen und sich auf die Familie zu freuen. Stattdessen wird Gas gegeben, überholt, zu dicht aufgefahren; dabei sagt ihnen der Verstand, dass man sich an der nächsten Ampel ohnehin wiedertrifft. Der Verstand verurteilt einen solchen Wahnsinn, der ja auch gefährlich ist. Dennoch kann man nicht anders. Man braucht den Kick.

Stressjunkies

Besonders problematisch wird es, wenn die Endorphinsucht und der Dopaminrausch zusammenfallen – auf der einen Seite die Neigung, unter Extrembelastung Euphorie zu empfinden, auf der anderen Seite Erfolgsrausch und der Wunsch, viele neue Dinge aufzusaugen, um sie für diesen Erfolg weiter nutzen zu können. Beides zusammen sorgt für Action und Aktionismus pur, verbunden mit einem rauschhaften, euphorischen Lebensgefühl. Auch bei diesen Menschen funkt der Körper: »Mach eine Pause, regenerier deine Systeme.« Doch diese Hilferufe haben keine Chance. Menschen in solch einer Situation können beruflich sehr erfolgreich sein. Zumindest glauben sie das. Nach einer Weile zählen nämlich nicht mehr die Ergebnisse, sondern purer Aktionismus. Statt durchdachtem Vorgehen und klaren Anweisungen herrscht zur Freude aller Kollegen eher »Management by helicopter«: reinfliegen, rumbrüllen und wieder verschwinden. Toll! Sport ist für diese Menschen nur dann interessant, wenn sie unter den ersten zehn im Ziel des örtlichen Marathons einlaufen (sie nehmen dazu auch gerne kleine chemische Helferlein in Anspruch), und sie sehen überhaupt nicht ein, dass andere Menschen diesen Lebensstil und diese Art Leistungsdenken nicht teilen können. Auch Entspannung wird unter dem Leistungsprinzip praktiziert, zum Beispiel durch ein Power-Wellnesswochenende. Genervte Hoteliers berichten dann, wie solche Stressjunkies das Wellnessprogramm von einer Woche an zwei Tagen durchziehen. Aber sechs Massagen in zwei Tagen bringen keine Erholung. Bevor der Parasympathikus zur Wirkung kommt, steht zeitoptimiert schon der nächste Termin an.

Wenn Sie nach all dem Ähnlichkeiten mit solch einem Stressjunkie an sich entdecken oder gar den Verdacht hegen, schon einer zu sein, machen Sie den folgenden von uns entwickelten Selbstcheck. Haben Sie am Ende einige Male »Ja« angekreuzt, könnte gerade dieses Kapitel für Sie ganz besonders wichtig sein.

		Ja	**Nein**
1	Haben Sie öfter Probleme beim Einschlafen?	☐	☐
2	Lesen oder arbeiten Sie, wenn Sie alleine essen?	☐	☐
3	Finden Sie es schwer, nichts zu tun?	☐	☐
4	Haben Sie ständig Ihr Handy an, auch wenn es gar nicht notwendig wäre?	☐	☐
5	Arbeiten Sie gerne an Wochenenden oder Feiertagen?	☐	☐
6	Können Sie jederzeit und überall arbeiten?	☐	☐
7	Finden Sie, dass es schwer ist, Urlaub zu nehmen?	☐	☐
8	Haben Sie Angst vor der Pensionierung?	☐	☐
9	Hatten Sie schon seit Längerem keinen Kontakt zu Freunden außerhalb der Arbeit?	☐	☐
10	Zappen Sie ständig, wenn Sie fernsehen?	☐	☐

Cortisol – Parole: Durchhalten!

Doch was passiert, wenn unsere Herausforderungen nicht Schaffensrausch und Euphorie auslösen, sondern schlicht im normalen Daseinskampf bewältigt werden müssen. Nicht jeder lebt seinen Traumjob. Ehrlich gesagt, wohl eher wenige, und nicht jeder hat mit den Nachteilen eines großen Erfolgs zu kämpfen, sondern eher mit ständigen kleinen Niederlagen. Und trotzdem muss es weitergehen. Nun spielt das Durchhaltehormon Cortisol die Hauptrolle.

Cortisol im Blut hilft uns, unsere Stoffwechselressourcen zur Bewältigung langfristiger Herausforderungen zu optimieren. Das ist gut und wichtig. Die Ausschüttung von Cortisol erfolgt über die sogenannte HPA-Achse.

Das hormonelle Herzstück der Stressreaktion ist die sogenannte HPA-Achse. Hinter dieser Abkürzung verbergen sich die (englischen) Wörter für Hypothalamus (= H), Hypophyse (= Pituitary) und Nebennieren (= Adrenals).

- Der Hypothalamus ist die Heimat des vegetativen Nervensystems, also des Sympathikus und Parasympathikus, und somit die Steuerungszentrale der unbewussten Körpervorgänge. Steuerungshormone wie CRH (Corticotropin Releasing Hormone) werden ebenfalls dort gebildet.
- Das CRH stimuliert bei Stress die Hypophyse oder Hirnanhangsdrüse, weitere Steuerungshormone freizusetzen, z. B. das ACTH (adrenocorticotropes Hormon oder Corticotropin).

- Diese Steuerungshormone veranlassen wiederum die Nebennieren, u. a. die Stresshormone Adrenalin und Cortisol freizusetzen.

Bei Stress aktivieren Steuerungshormone (CRH) die Freisetzung von ACTH und Cortisol. Diese hemmen wiederum die Steuerungshormone, um eine »Überdosierung« der Stresshormone zu verhindern. Bei Dauerstress werden die Steuerungshormone aber nicht mehr gebremst, und der Cortisolspiegel bleibt im Blut erhöht. Hält der Stress weiter an, »brennt« die HPA-Achse aus. Jetzt beobachtet man zu niedrige Cortisolwerte. Im Extremfall kann sogar der Hypothalamus schrumpfen (atrophieren); beobachtet wurde das z. B. beim Cushing-Syndrom, bei schweren Depressionen oder bei Kriegsveteranen.

Doch hier gilt wie so oft: Die Dosis macht das Gift. Dauerhafte Cortisolaktivierung ist mit einem hohen Verschleiß verbunden, und das führt auf lange Sicht zu gesundheitlichen Problemen.

Die gesundheitlichen Folgen von Dauerstress

Zahlreiche Symptome verweisen auf erhöhte Krankheitsanfälligkeit im Zusammenhang mit chronischem Alltagsstress, beispielsweise bei Nachtarbeit oder Dauerkonflikten, aber auch bei besonders schweren Belastungen wie dem Tod eines nahestehenden Menschen, einer Scheidung oder der Pflege eines schwerbehinderten Familienmitglieds.

Die wissenschaftliche Forschung interessiert sich besonders für die erhöhte Entzündungsneigung als Folge einer dauerhaften Parasympathikus-Unterdrückung.[29] Man geht heute davon aus, dass ständige Entzündungen im Körper eine der Hauptursachen vieler chronischer Erkrankungen sind. Vor allem Entzündungen an den Blutgefäßen sind auf Dauer gefährlich. Die Entwicklung der koronaren Herzerkrankung zum Beispiel, die in modernen Gesellschaften die häufigste Todesursache ist, scheint in solchen Entzündungen ihren Ausgangspunkt zu finden.

Auch Diabetes Typ 2, der sogenannte Altersdiabetes, kann durch Dauerstress begünstigt werden. Das liegt daran, dass Cortisol für ausreichend Energienachschub aus den Körpervorräten sorgt. Dadurch steigt der Blutzucker an. Dies wiederum sorgt für eine vermehrte Ausschüttung von Insulin und bewirkt damit eine erhöhte Aufnahme von Zucker aus dem Blut in die Körperzellen. Hält die hohe Zuckerzufuhr aus den Fettspeichern des Körpers in das Blut zu lange an, kann Insulin seine blutzuckersenkende Wirkung einbüßen; es kommt zu einer Insulinresistenz und damit zu einem Diabetes Typ 2. Auch viele Alltagserfahrungen von Menschen mit hoher Stressbelastung lassen sich über die Cortisolwirkung gut erklären.

Warum werde ich immer im Urlaub krank?

Kennen Sie das? Das ganze Jahr funktioniert der Körper prächtig. Man ist ständig auf Achse, erledigt effektiv seine Arbeiten und ist nie krank. Doch kaum fährt man in Urlaub, kommt der Infekt, der dann die ersten Urlaubstage vermiest. Dauerstress aktiviert den Teil des Immunsystems, der uns bei einer längeren Flucht schützt. Entzündungen werden gehemmt und zunächst abgewehrt. Bei Testpersonen, die aufgefordert wurden, spontan eine freie Rede zu halten oder mathematische Aufgaben vor Publikum zu lösen – was für die meisten Stress pur bedeutet –, ist dieser Effekt gut nachweisbar. Zusammen mit einem höheren Pulsschlag fand man zusätzlich eine erhöhte Anzahl von Abwehrzellen im Blut.[30] Kurzfristig kann Stress also sogar das Immunsystem anregen.[31] Wenn die »Gefahr« gebannt ist und man endlich wieder lockerlassen kann, wird dieser Schutz wieder zurückgenommen. Vorher unterdrückte Bakterien können nun den Infekt auslösen und danach die ganz normale Abwehrreaktion des Körpers im Parasympathikusmodus in Gang setzen. Nach einer Woche ist der Infekt dann überstanden, und der Urlaub kann doch noch genossen und zur Erholung genutzt werden.

Wer nun aber meint, dass der Urlaub dann überflüssig sei und man am besten einfach weiterarbeiten sollte, verkennt, dass die stressbedingte vorübergehende Anregung des Immunsystems gewissermaßen auf Pump basiert. Ein überhitztes Immunsystem bricht schnell zusammen. Ständige Sympathikusreizung und Cortisolaktivierung hemmen den Parasympathikus und damit die generelle Leistungsfähigkeit unseres Immunsystems.[32] Überreizt man diesen Schutzmechanismus, wird der gesamte Abwehrwall immer löchriger.[33] Normale grippale Infekte werfen einen mit Arzt eine Woche aus dem Verkehr, ohne Arzt sieben Tage. Was jedoch auffällt: Immer mehr Patienten haben Infekte, die wesentlich langsamer abklingen; da helfen auch keine Antibiotika oder Wadenwickel. Oft sind Patienten betroffen, die in langwierigen Prüfungsvorbereitungen stecken, beruflich viel reisen müssen oder kleine Kinder haben. Der Zusammenhang mit einer lang andauernden Belastungssituation liegt auf der Hand. Nur kann man eine solche Stressbelastung nicht mit Zahlen messen. Die Maßeinheit für Termindruck oder Prüfungsstress ist noch nicht gefunden. Es gibt jedoch eine Belastungsform, die man gut messen und in Zusammenhang mit dem Auftreten von Infekten bringen kann. Es ist die Stressbelastung durch übertriebenes körperliches Training.

Auffallend häufig erlebe ich solche mehrwöchigen Infekte, wenn Veranstaltungen wie zum Beispiel der Heidelberger Halbmarathon vor der Tür stehen. Es ist ein regelrechtes Volksfest, ganze Abteilungen aus Unternehmen, Verwaltungen und Vereinen trainieren vorher intensiv, um die Strecke am Wettkampftag zu bewältigen. In diesem Buch werden wir die Rolle des Sports als Mittel zum Stressabbau noch angemessen würdigen. An dieser Stelle geht es zunächst darum zu zeigen, was passiert, wenn das richtige Maß fehlt. Körperliche Anstrengung kann nämlich auch eine gehörige Stressbelastung darstellen – und zwar so vehement, dass die anfängliche Stärkung des Immunsystems schnell zusammenbricht und Krankheitserreger sich viel leichter im Körper breitmachen können. Wenn also der Halbmarathon ansteht, wird vorher trainiert. Viele Studien zeigen, dass die Infektionsraten von Langstreckenläufern mit den geleisteten Trainingskilometern zusammenhängen. Bei 530 Teilnehmern an Straßenrennen konnte die Infektionsrate regelrecht anhand der gelaufenen Trainingskilometer ausgerechnet werden. Freizeitsportler agieren leider häufig nach dem Motto »Was uns nicht umbringt, macht uns nur noch härter« und laufen bei der Vorbereitung zum nächsten Wettkampf direkt in diese Overtraining-Falle hinein.[34]

Nun wissen Profisportler bzw. deren Trainer genau,

dass der Körper ein sportliches Leistungstraining als großen Stress empfindet und danach eine Regenerationszeit braucht. Ein Profisportler kennt Mañana-Kompetenz; er muss sie gezielt einsetzen, um über lange Jahre konstant Höchstleistungen bringen zu können. Im ambitionierten Amateursport ist dieses Wissen hingegen oft nicht vorhanden. Es fehlen die erfahrenen Trainer, die auch mal bremsend in den Trainingsplan eingreifen. Genauso wie körperliche Belastung das Immunsystem unterdrückt, können auch Termindruck, Schlafmangel, Nachtarbeit oder Dauerlärm Ursachen sein für die Hemmung der körpereigenen Abwehr. Wer also mit langwierigen Magen-Darm-Infektionen, nicht enden wollenden Bronchitiden, ständig ausbrechenden Herpesbläschen oder chronischen Halsentzündungen zu kämpfen hat und bei dem der Arzt ernstere Krankheiten als Ursache ausgeschlossen hat, sollte es mal statt mit der zehnten Medikamentenbehandlung mit Mañana-Kompetenz versuchen.

Verdauung

Kaum jemand betet noch vor dem Essen. Dabei sollte man meinen, dies sei notwendiger denn je. In Zeiten von Gammelfleisch, Analogkäse und allem möglichen Zusammengepanschten erscheint es ziemlich fahrlässig, sich ohne höheren Beistand an den Tisch zu begeben. Erstaunlicherweise werden wir trotz all dieser Nahrungsmittelschummeleien immer älter. Wir haben heute nämlich die Hauptgefahrenquelle – mangelnde Hygiene – durchaus im Griff. Kühlschränke, Verfallsdatumsangaben und Vakuumverpackungen verhindern effektiv, dass sich Krankheitserreger in den Speisen vermehren können. Davon unberührt bleiben aber die Fragen, ob derartiges »Analogessen« unser Wohlbefinden fördert und warum ein zufriedenes Lächeln nach einer gelungenen Mahlzeit heutzutage immer seltener zu beobachten ist. Obwohl wir also das Hauptproblem bei der Nahrungszubereitung befriedigend gelöst haben, quälen wir uns trotzdem immer häufiger mit Verdauungsproblemen. Warum?

Wenn ich bei meinen Vorsorgeuntersuchungen nach Befindlichkeitsstörungen frage, also nach körperlichen oder psychischen Beschwerden, die sich nicht auf eine organische Ursache zurückführen lassen, dann stehen Verdauungsbeschwerden ganz oben. Sodbrennen, Magendrücken, Blähbauch und Stuhlgangprobleme kommen häufig vor. Liest man die einschlägige Presse, dann scheinen sich Modediagnosen wie Reizdarm, Glutenintoleranz oder andere Nahrungsmittelunverträglichkeiten epidemieartig auszubreiten. Alle möglichen Ursachen werden erwogen, Abertausende von Schläuchen in die verschiedenen Öffnungen des Verdauungsapparates geschoben, meist ohne greifbares Ergebnis. Dabei sind die meisten Beschwerden auf eine ganz einfache Ursache zurückzuführen, nämlich fehlende Mañana-Kompetenz.

Weil die moderne Medizin den Darm lange Zeit als eine Art Rohr mit Poren betrachtet hat, wunderte man sich sehr, als man feststellte, dass sich im Darm genauso viele Nervenzellen befinden wie im Rückenmark. Man nennt diese Nervenzellansammlung heute »enterales Nervensystem« oder kurz: »Darmhirn«. Wenn man genauer darüber nachdenkt, macht die herausragende Stellung des Verdauungstrakts auch hochgradig Sinn, denn die Einverleibung von fremden Substanzen zur Gewinnung von Energie, Nährstoffen und Körperbausteinen ist eine elementar wichtige Angelegenheit – zugleich aber auch eine hochgefährliche und komplexe, denn neben den für uns nützlichen Dingen gibt es Milliarden anderer Substanzen oder Organismen, die uns Schaden zufügen und deshalb lieber nicht in unseren Körper eindringen sollten.

Alle Nahrungsbestandteile, ob brauchbar oder gefährlich, sollten im Darm möglichst sauber getrennt werden, um das eine durch die Darmwand in den Körper hinein und das andere tunlichst draußen zu lassen. Werden Nahrungsbestandteile als ungefährlich identifiziert, geht die Arbeit erst richtig los. Alles muss in kleinste Bausteine zerlegt werden, damit es durch die Darmwand in den Körper gelangen kann, um anschließend seinen richtigen Platz zu finden. Für all diese Aufgaben braucht es ein leistungsfähiges Erkennungs-, Abwehr-, Sortier- und Transportsystem an Ort und Stelle. Dies leistet unser Darmhirn. Es signalisiert dabei in jedem Augenblick der zentralen Lagerhaltung im Großhirn, welche Stoffe in den Körper gelangt sind, sodass sofort entsprechende Aufsättigung an die Appetitzentren weitergemeldet werden kann. Diese wiederum lenken unseren Appetit um auf Speisen, die Bestandteile enthalten, die wir noch nicht in ausreichender Menge aufgenommen haben.

Noch vor 50 Jahren konnten wir uns darauf verlassen, dass uns der Appetit auf die Nahrungsquellen hinlenken würde, die tatsächlich das beinhalten, was Aussehen, Geruch und Geschmack versprechen. Das ist heute anders, umso mehr brauchen wir das Darmhirn. Ständige Neuentwicklungen im Fooddesign und raffinierte Aromazusätze gaukeln uns obendrein in Aussehen und Geschmack das tollste Essen vor, obwohl es nur aus billigem Soja- oder Maisgepansche besteht.[35] Da unsere Geschmackssinne dies leider nicht sofort erkennen können, befindet sich heute das Darmhirn in einem permanenten Lernprozess. So muss es erkennen, dass der Appetit auf Himbeeren nicht durch Joghurt mit Himbeergeschmack gestillt werden kann. Wenn auf dem Etikett lediglich »natürliche Aromastoffe« draufsteht, gelangen in Wirklichkeit eben keine echten Himbeeren in den Darm. Eher wird es Zedernholzöl sein, das den Geschmack von Himbeeren nachahmt – aber auch Natur ist, deswegen auch die Bezeichnung »natürliche« Aromastoffe. Ganz zu schweigen von anderen Hightech-Tricksereien, die gewaltigen Geschmack bei minimalem Rohstoffeinsatz ermöglichen. Dieser Lernprozess erklärt übrigens, dass solche durch aromatische Zusätze gefakte Analognahrung immer zur Folge hat, dass der Appetit auf diese Produkte nach etwa einem halben Jahr nachlässt. Der Verkauf bricht ein, und alle im Unternehmen fragen sich: warum? Die Verpackung war doch so schön. Nein, unser Darmhirn und das Appetitzentrum haben dann gelernt, dass sie hereingelegt wurden.

Warum nun Mañana-Kompetenz? Der Parasympathikus ermöglicht die Koordination von Magen und Dünndarm, um die Speisen zu zerkleinern, gezielt aufzunehmen und die schwer verdaulichen Anteile im Dickdarm endzuverdauen, einzudicken und auszuscheiden – alles Vorgänge, die auf der Flucht nicht wichtig sind. Appetitfeinregulierung, Lagerhaltung, Schadstoffabwehr sind im unmittelbaren Überlebenskampf nicht entscheidend; deshalb überstimmt der Sympathikus den Parasympathikus und hemmt dadurch Magen und Dünndarm. Der Volksmund sagt dazu: »Es liegt mir im Magen.« Gleichzeitig möchte der Sympathikus den Inhalt des Dickdarms schnell loswerden, ähnlich wie sich der Blaseninhalt unter Angst spontan entleeren kann. Der Dickdarm wird also durch den Sympathikus angetrieben. Auch hier beschreibt der Volksmund die Situation richtig, wenn es heißt: »Ich habe Schiss.« Es liegt mir im Magen, und ich habe Schiss. Wenn diese Verdauungsumstände jahrelang anhalten, wird irgendwann auch der stärkste Verdauungsapparat schlappmachen und Probleme bekommen. Die Magensäure kann die Speisen nur noch verzögert aufnehmen. Der Dünndarm schafft es kaum noch, die entsprechenden Enzyme freizusetzen, um die Speisen zu zerkleinern. Die nun häufig unverdauten Speisereste, die der Dünndarm nicht mehr klein kriegt, verursachen im Dickdarm starke Gärungsprozesse, die dann zu den besagten Völlegefühlen und Verdauungsschwierigkeiten führen können.

Zudem ist der Magentonus herabgesetzt, weshalb Magensäure in die Speiseröhre hochschwappen und dann Sodbrennen auslösen kann. All dies lässt sich durch eine einfache Maßnahme verhindern – durch regelmäßiges, ruhiges Essen. Die gute Nachricht ist also: Mit ein wenig Mañana-Kompetenz vor dem Essen gelingt es oft, diese Symptome wieder in den Griff zu bekommen. Am besten zusammen mit bekömmlichen Speisen, die unser Darm leicht verdauen kann. Dazu wünschen wir einen guten Appetit. Wenn Sie dieses Thema besonders interessiert, darf ich Ihnen ein Buch ans Herz legen: *Karotten lieben Butter,* in dem ich das Vergnügen hatte, zusammen mit der Meisterköchin Léa Linster und dem Biologen Michael Wink den Grundlagen guten Essens genauer auf den Grund zu gehen.

Comfort Food

Außer Hunger gibt es einen weiteren Grund für die Nahrungsaufnahme: Stress.[36] Mit einem hochgepuschten Sympathikus schläft man nicht so gut ein. Viele Führungskräfte schildern mir unter vier Augen, dass sie abends eine Flasche Rotwein benötigen, um abschalten zu können. Doch hierbei geht es nicht um Aktivierung des Parasympathikus. Wir reden in solchen Fällen tatsächlich von einer Sympathikus-Narkose, und das ist etwas ganz anderes.

Viele Nahrungsmittel haben tatsächlich eine Drogenwirkung, die sich alle Kulturen zunutze machten. Wenn wir manchmal unbändige Lust auf Kaffee, Tee, Alkohol, Zucker, Schokolade oder Gegrilltes haben, beruht das nicht auf einem Kaloriendefizit, vielmehr können wir mit dem Verzehr unsere Stimmung heben. Der medizinische Name dafür lautet Comfort Food. So kann das Betthupferl am Abend trösten und uns helfen, mit angenehmen Gedanken Schlaf zu finden – genauso wie die frittierte Panade des Wiener Schnitzels hilft, Ärger im Büro besser wegzustecken. Da Licht im Freien ebenfalls einen stimmungsaufhellenden Effekt hat, ersetzen wir diese Lichtwirkung im Büro oder Auto dann durch Kaffee und/oder Süßes. Deswegen steigt auch in lichtarmen Monaten oder Regionen stets der Konsum von Comfort Food an. Doch auch hier gilt, wie Sie schon wissen: Die Dosis macht ... Kurzfristig ist das kein Problem, langfristig zeigt sich jedoch, dass wir nicht für eine Dauerernährung, bestehend aus Kaffee, Plätzchen und Schokolade gemacht sind. Wir bekommen ein unangenehmes Bauchgefühl. Die Forschung ist sich übrigens uneins, ob man durch Appetit auf Comfort Food die Kalorienmenge insgesamt erhöht oder man lediglich weniger rein sättigende Nahrung zu sich nimmt, die Kalorienbilanz also gleich bleibt.

Es ist Teil unserer Lebenskultur, solche Stimmungsaufheller gezielt zur Genusssteigerung einzusetzen. Zu einem leckeren Käse gehört für viele ein gutes Glas Rotwein. Auch der Exzess dürfte ab und zu kein Problem sein, abgesehen vom morgendlichen Kater. Eine abendliche Sympathikus-Narkose hat jedoch nichts mit Kultur zu tun, sie ist lediglich die Folge einer sehr belastenden Lebenssituation und/oder eines schlechten Stressmanagements. Darüber hinaus ist sie oft auch der Einstieg in die Abhängigkeit. Wenn es nur noch mit Drogen gelingt, einigermaßen Ruhe zu bewahren, dann ist es allerhöchste Zeit, sein Leben grundlegend zu ändern.

Die Menge an Comfort Food kann deshalb ein guter Indikator für fehlenden Parasympathikus sein. Schätzen Sie sich einfach selbst ein. Wo würden Sie Ihr Kreuz machen?

□ Ich konsumiere ab und zu Comfort Food.
□ Ich konsumiere öfter Comfort Food.
□ Ich konsumiere täglich große Mengen Comfort Food.

Falls Ihr Konsum von Comfort Food hoch oder gar sehr hoch ausfällt, empfehlen wir Ihnen dringend Mañana-Kompetenz – und zwar bevor nur noch ein therapeutischer Aufenthalt in einer Rehaklinik helfen kann.

Sex

Wie lässt sich der Unterschied zwischen Sympathikus-Narkose und echter Mañana-Kompetenz klar erkennen? Stellen Sie sich ein Paar vor, abends auf dem Designsofa; beide Partner sind erschöpft von den Anforderungen des Tages. Kein Störenfried ist in Sicht. Auf dem Tisch stehen zwei Gläser mit großartigem Rotwein, dazu gibt es leckere belgische Pralinen. Das Tagessurren im Kopf lässt langsam nach. Eigentlich wäre jetzt der ideale Zeitpunkt für ... Sie wissen schon. Das letzte Mal ist ja auch schon eine Weile her. Doch tatsächlich hoffen beide, dass jetzt keine Lust aufkommt. In dieser Situation spüren Sie ganz konkret den Unterschied zwischen Sympathikus-Narkose und Parasympathikus-Aktivierung. In einer Stressphase ist man erschöpft und möchte seine Ruhe haben. Man muss sich körperlich erholen, also bitte keine Gedanken an kraftraubende Aktivitäten wie kreative, lustvolle erotische Vorspiele.

Bei meinen Manager-Check-ups kommt es immer häufiger vor, dass ich um Rezepte für Viagra gebeten werde. Bei guter Herzgesundheit und verantwortlichem Umgang mit diesem starken Medikament komme ich dem Wunsch auch gerne nach. Wer denkt, Essgenuss würde bei älteren Menschen die Lust auf Sex ersetzen, der täuscht sich gewaltig. Männer brauchen zum Sex allerdings einen erigierten Penis, sonst macht es einfach nicht so viel Spaß. Im Fall von Mangeldurchblutung, die im Alter häufiger auftritt, sind wir heute in der Lage, medikamentöse Nachhilfe zu geben. Nur: Es sind zunehmend die 45-Jährigen, die diesbezüglich um Hilfe bitten. Was läuft da schief?

Ein typischer Fall: Ein Manager übernimmt die Leitung eines in der Krise steckenden Unternehmens. Er muss Mitarbeitern kündigen. Da er seine Führungsverantwortung ernst nimmt, delegiert er diese schwierige Aufgabe nicht an andere, sondern respektiert wenigstens die Würde der gekündigten Mitarbeiter, indem er es ihnen persönlich mitteilt. Dies mündet in eine enorme emotionale Stresssituation, auch für den Chef. In solchen Kündigungsgesprächen kommt es nicht selten vor, dass erwachsene Männer weinen. Der gesamte Umbau des vom Konkurs bedrohten Unternehmens kostete den Unternehmensleiter rund um die Uhr viel Kraft und viele schlaflose Nächte. Nach den Untersuchungsergebnissen bat mich der Manager um ein Viagra-Rezept. Wir einigten uns darauf, dass dies nur eine vorübergehende Strategie sein kann, bis das Unternehmen sich wieder wirtschaftlich konsolidiert hat. Danach kann nur gezielte Mañana-Kompetenz das gesunde hormonelle Gleichgewicht wiederherstellen, ansonsten folgen dem Viagra-Rezept mit Sicherheit in Bälde Rezepte für Blutdrucksenker, Zuckersenker und Schlaftabletten – eine Spirale, an deren Ende Krankheit, Depression und Burnout stehen würden.

Wieso haben Männer unter Dauerstress Potenzprobleme? Dafür gibt es gleich mehrere Gründe. Zum einen wird bei Gefahr die Testosteronausschüttung gehemmt. Verletzungen, Krankheit, Operationen – alles lässt den Testosteronspiegel sinken. Das Gleiche gilt für den Fall, dass Mann eine anspruchsvolle Aufgabe zu lösen hat. Der niedrige Testosteronspiegel sorgt jedoch noch für einen gewissen Sexualtrieb. Eine Erektion ist möglich. Sex findet zwar vermindert statt – aber immerhin findet er statt. Ein Problem haben Männer jedoch dann, wenn die Erektion überhaupt nicht mehr funktioniert. Dann gerät das Selbstverständnis stark ins Wanken. Ganz besonders, wenn man sonst im Beruf seinen Mann ohne Probleme steht und von Schwäche oder Versagen nicht die Rede ist.

Eine Erektion zu bekommen erscheint Männern, bei denen es problemlos klappt, als einfachste Sache der

Welt. Das vegetative Nervensystem erbringt jedoch von der Erektion bis zur Ejakulation eine wahre Glanzleistung. Der Fortpflanzungsakt ist ein schönes Beispiel, wie sich Sympathikus, Parasympathikus und Hormone wunderbar ergänzen, wenn sie nicht gestört werden. Zunächst braucht der Mann Testosteron und die Frau Östrogen, um Lust zu verspüren. Dopamin ist nötig, um das Objekt der Begierde ausfindig zu machen und sich gezielt heranzupirschen. Ist es dann endlich so weit, schlägt die Stunde (bei manchen sind es auch Minuten) des Parasympathikus. Wir müssen in entspannte Stimmung kommen, und dazu benötigen wir, Sie ahnen es, Mañana-Kompetenz. Der Parasympathikus ermöglicht es, dass wir uns von all den Facetten der Verführung, der Vielfalt erotischer Fantasien, von Kerzenlicht oder zarten Gedichten stimulieren lassen. Gut, es geht auch schneller. Der Parasympathikus sorgt jedenfalls dafür, dass die Blutzufuhr in den Penis und in den entsprechenden Schwellkörper der Frau, die Klitoris, stark erhöht und gleichzeitig der venöse Blutabfluss vermindert wird. Es kommt zum Stau und damit zur Erektion. Nun wird es richtig kompliziert, denn der Sympathikus muss jetzt immer mehr das Ruder übernehmen. Die Erregung wird heftiger; Blutdruck, Herzschlag und Atmung beschleunigen sich, während für die Steifheit des Penis nach wie vor der Parasympathikus zuständig ist. Bis zuletzt hält der kleine Rest Parasympathikus stand, um dann in einem Grande Finale vom Sympathikus übermannt zu werden. Erst dann kann der Sympathikus die Ejakulation auslösen, nach der die Festigkeit sofort abnimmt.[37] Die Entspanntheit nach einer sexuellen Vereinigung hat dann wiederum viel mit dem Parasympathikus zu tun. Und manchmal geht das Spiel ja auch wieder von vorne los. Der Vollständigkeit halber sei erwähnt, dass auch eine Erektion noch keine Ejakulation garantiert. Ist der Sympathikus überreizt und der Erwartungsdruck (an sich selbst) zu hoch, kann der Samenerguss ausbleiben.

Während Infektanfälligkeit, Schlafprobleme, Magenschmerzen oder etliche Tassen Kaffee bei vielen noch nicht das Selbstbild beeinträchtigen, hört der Spaß bei einer gestörten Sexualfunktion dann auf. Lust auf Sex gehört nun mal nach Meinung vieler zur schönsten Sache der Welt. Wer sie verliert, sollte sich jedoch nicht verkrampfen und gleich auf medikamentöse Helfer setzen. Besser ist es, ein verlängertes Wochenende zu planen, an dem das Smartphone aus- und der Parasympathikus angeschaltet ist. Nach einem gemeinsamen Einkaufs- und Museumsbummel, einem leckeren Mittagessen in einem malerischen kleinen Bistro und dem anschließenden Mittagsschlaf sieht es plötzlich ganz anders aus. Auf einmal geht es, Mañana statt Viagra lautet die aphrodisische Zauberformel.

Gewicht

Sehr viele Frauen wollen abnehmen, das ist kein Geheimnis. Und Männer? Als ich vor 20 Jahren begann, sogenannte Manager-Check-ups durchzuführen, gab einer von fünf Männern den Wunsch nach Gewichtsabnahme an. Heute sind es tatsächlich vier von fünf. Warum? Anders gefragt. Kennen Sie einen aktuellen Vorstandsvorsitzenden eines großen Konzerns, der mollig ist? Ein Mitarbeiter eines großen Autokonzerns sagte mir, er hätte es sogar schriftlich bekommen. Wer in die höchsten Führungsetagen aufsteigen möchte, darf keinen BMI über 30 haben. Dicke Menschen gelten heute als undiszipliniert und faul. Welches Unternehmen möchte sich in der Öffentlichkeit von so jemandem repräsentieren lassen? Neben der dem offensichtlichen Schönheitsideal entsprechenden Schlankheit ist deshalb heute auch die Karriere eine wichtige Motivation für Frauen und Männer, abnehmen zu wollen.

Aus einem Mops wird kein Windhund

Doch da gibt es ein Problem. Auch wenn Sie es täglich anders hören und lesen: Es gibt keine Diät, mit der man auf gesunde Weise den Abnehmerfolg langfristig halten kann. Alle führen über kurz oder lang zum berüchtigten Jo-Jo-Effekt. So kehrt man nach einer Diät immer zu seinem Ausgangsgewicht zurück. Sehr seltene Ausnahmen bestätigen diese Regel. Das ist wissenschaftlicher Fakt, und ich weiß es genau, da ich auf diesem Gebiet seit 25 Jahren arbeite, alle relevanten Studien kenne und auch Mitautor der nächsten offiziellen Behandlungsleitlinie Adipositas bin. Wenn nur eine der unzähligen Diäten langfristig funktionieren würde, bräuchte man doch nicht jedes Jahr eine neue Methode auszurufen mit den üblichen unhaltbaren Versprechungen. Die neueste nennt sich übrigens Intervallfasten.

Das alles hat nichts mit fehlender Disziplin zu tun. Abnehmdiäten scheitern, weil sie gegen Naturgesetze verstoßen. Das Unterhautfettgewebe ist genetisch festgelegt. Sie können es kurzfristig über Diäten abschmelzen, aber sobald sich der gesunde Lebenserhaltungstrieb in Form von Hunger durchsetzt, bildet sich die Menge dieses Fettgewebes wieder zurück. Und zwar genau bis zu dem genetisch definierten Umfang. Das Unterhautfettgewebe ist im Grunde nichts anderes als ein genetisches Körperbaumerkmal zur Temperaturregulierung. So wie es kurze und lange Menschen gibt, gibt es dünne und dicke – und zwar statistisch normal verteilt. Das bedeutet, die meisten Menschen befinden sich auf der Skala der Gewichtsverteilung in der Mitte. Zu den Extremen hin, dünn oder dick, sind es dann immer weniger. Die Natur möchte diese Verteilung von Körperbaumerkmalen, deshalb ist schon der Begriff Normalgewicht aus evolutionären Gründen ein Unding. Übrigens, nennenswerte gesundheitliche Nachteile von Übergewicht treten statistisch erst bei einer massiven Fettleibigkeit zutage, genauso wie starkes Untergewicht von Nachteil ist.

Im Fall des Unterhautfettgewebes erschließt sich der Sinn dieser Verteilung, wenn man auf dünne und dicke Menschen eine Wärmekamera richtet. Wenn es kalt ist, erscheint der Körper des Dünnen rot. Er verliert seine Innenwärme von 37 Grad schnell an die Außenwelt. Und der Dicke? Er ist gut isoliert, weil seine Speckschicht genau diese Abstrahlung lange verhindert. Sein Körper erscheint blau. So hat die Evolution dafür gesorgt, dass die Massai im heißen Afrika sinnvollerweise schlank und die Inuit im kalten Alaska mollig gebaut sind. Oder etwas salopp ausgedrückt: Aus einem Mops wird nun mal auch bei schmaler Kost kein Windhund.

Dünne essen oft mehr Kalorien als Dicke

Damit verbunden ist ein weiteres Phänomen. Wenn es im Raum kühl wird, können dicke Menschen lange ruhig sitzen bleiben. Dünne jedoch werden zappelig und stehen immer wieder auf. Aber nicht, weil sie nervös sind, sondern weil ihre Temperaturrezeptoren das drohende Absinken der 37 Grad Körperinnentemperatur melden. Als Gegenmaßnahme heizen diese Menschen nach in Form von Muskelwärme und wirken deshalb unruhig. Dies kostet jedoch Energie, und deshalb bekommen sie Hunger. Wer selbst schlank ist oder mit einem schlanken Menschen zusammenlebt, kennt das gut. Schlanke Menschen brauchen alle zwei Stunden etwas zum Essen, sonst werden sie ungenießbar.

Ich weiß nicht, wie oft ich diese Aussage in der Gewichtsberatung schon gehört habe: Mein Mann – oder meine Frau – ist gertenschlank, aber er/sie isst ständig, ohne zuzunehmen, während ich schon beim Hinschauen dick werde. Kein Wunder, denn mit der Kalorienaufnahme hat die Ausprägung des Unterhautfettgewebes herzlich wenig zu tun. Damit erklärt sich auch die Sinnlosigkeit kalorienreduzierter Nahrung, die niemanden dauerhaft schlanker werden lässt, dafür aber einfach nur schlechter schmeckt. Außerdem essen wir dann schlicht doppelt so viel davon, genauso wie wir umgekehrt überschüssige Kalorien nach einem üppigen Hochzeitsmenü durch Verringerung des Appetits in den nächsten drei Tagen ganz unbewusst ausgleichen.[38] Oft essen schlanke Menschen sogar viel mehr Kalorien als dicke. Der Grund dafür lautet: Temperaturregulierung. Für Schlanke bedeuten deshalb Kalorienreduktion und lange Essenspausen, beispielsweise durch Intervallfasten, puren Stress, verursacht durch die Kombination von Frieren und Hunger. Eine weitere Strategie des Körpers, dem Wärmeverlust im Körperinnern entgegenzuwirken, ist die Verengung der Blutgefäße an Beinen und Armen. Wir bekommen kalte Füße. Deshalb sollten Dünne und Schlanke regelmäßig Zugriff auf gut bekömmliche kleine Zwischenmahlzeiten und Wärme haben und grundsätzlich für die großen Mahlzeiten etwas Nahrhaftes, gut Durchgekochtes wählen. Das entspricht auch den Empfehlungen des indischen Ayurveda und der Traditionellen Chinesischen Medizin für diesen Körperbautyp. Menschen mit hoher Wärmeneigung können ihren Parasympathikus außerdem ganz hervorragend durch einen milden Saunagang oder ein warmes Bad aktivieren. Sogar eine Wärmeflasche kann Mañana-Kompetenz fördern.

Abnehmstress – körperlich und vor allem psychisch

Es ist zwar in Mode, dicken Menschen schlechte Eigenschaften anzudichten, aber diese Vorurteile beruhen ausschließlich auf Gruppendynamik. Wir Menschen neigen zu Gruppenmoralismus, der stets eine Gruppe von Verlierern definiert, auf deren Kosten sich dann die Sieger moralisch erhöhen können – ein Phänomen, das Sigmund Freud sehr klar beschrieben hat. Der evolutionäre Sinn liegt in der Enthemmung beim Verteilungskampf, denn scheinbare moralische Überlegenheit senkt die Skrupel und steigert so die Durchschlagskraft. Das Verlierermerkmal variiert je nach Zeitgeist, mal ist es die Hautfarbe, die Abstammung, die Religion oder heute eben das Gewicht. Darin liegt durchaus etwas Gnadenloses, und diese evolutionäre Überlebensstrategie hat in der Menschheitsgeschichte schon viel Übles angerichtet.

Warum beschreibe ich Ihnen diese Situation so ausführlich? Weil der aussichtslose Kampf gegen die eigenen Fettpolster, der übrigens auch nicht durch Fettabsaugung gewonnen werden kann, für viele Menschen heute einer der hauptsächlichen Stressfaktoren ist. Das genetisch vorprogrammierte ständige Scheitern, das schlechte Gewissen, die damit verbundene Diskriminierung und die Entfremdung vom eigenen molligen Körper – all dies ist Stress pur. Jeder Blick in den Spiegel löst ihn aus. Es ist harte Arbeit und erfordert viel Selbstbewusstsein, sich davon nicht die Lebensqualität beschädigen zu lassen. Wer sich von diesem Druck befreien möchte, dem lege ich deshalb ein Buch meiner Mitautorin Maja Storch ans Herz – *Mein Ich-Gewicht* –, das Sie in dieser Hinsicht ganz hervorragend unterstützt. Hat man den Abnehmdruck im Griff, kann man gutes Essen endlich wieder ohne schlechtes Gewissen genießen und als Ressource für Lebensqualität nutzen. Das ist wahre Mañana-Kompetenz, und dazu wünschen wir einen guten Appetit!

Die einzig gesunde Methode zur Gewichtsregulierung heißt ...

Aber gibt es wirklich nichts, mit dem ich dennoch dauerhaft abnehmen kann? Diese Frage höre ich fast immer, wenn ich meinen Patienten die Zusammenhänge erkläre. Doch, es gibt etwas, das diesen Wunsch erfüllen kann – zwar nicht 20 Kilo, aber vielleicht ein bis zwei Kleidergrößen, genauer Bundgrößen. Diese Methode hat einen Namen, und, Sie ahnen es schon, sie heißt Mañana-Kompetenz. Und das funktioniert folgendermaßen:

Fettschichten bilden sich nicht nur unter der Haut, sondern im Bauch zwischen den Organen. Besonders im Darmanhanggewebe, auch Gekröse oder Mesenterium genannt. Stellen Sie sich einen Fächer vor, der oben ausgeklappt eine Breite von sieben Metern hat. Die untere Basis dieses Fächers beträgt 15 Zentimeter. Die Fläche dieses Fächers wäre riesig. Stellen Sie sich nun vor, wie diese Fläche immer fettiger wird und zentimeterdick anwächst. Jetzt kennen Sie die Dimension, die dieses Bauchfett annehmen kann.

Das Kampfgewicht

Die Sensibilität der Andockstellen für das Durchhaltehormon Cortisol ist im Bauchfett höher als im Unterhautfett, deshalb wächst es durch anhaltenden Stress besonders stark an. Menschen mit krankhafter Cortisolproduktion, dem Morbus Cushing, entwickeln ebenfalls diese sogenannte Stammfettsucht, genauso wie Menschen, die lange mit dem künstlich hergestellten Cortisol, dem Medikament Cortison, therapiert werden müssen – zum Beispiel Asthmapatienten oder auch Transplantatempfänger. Man sieht diese Entwicklung an der Bildung der typischen Wampe, dem Wanst, der den Hosenbund explodieren lässt, offiziell gemessen an der Zunahme des sogenannten Taille-Hüft-Verhältnisses. Arme und Beine können dabei je nach Veranlagung völlig schlank bleiben.

Dieses Bauchfett gilt in Studien als Zeichen einer krankhaften Entwicklung. Doch sollte man einen Fehler tunlichst vermeiden. Nicht das Bauchfett ist das Problem, sondern das Übermaß an Cortisol, ausgelöst durch Dauerstress. Und als Folge drohen die bereits besprochenen Krankheiten. Der Lübecker Hormonforscher Armin Peters hat zeigen können, dass uns das Bauchfett eine Weile davor schützt, weil es das Übermaß an Cortisol abfedern kann. Menschen, die nicht in der Lage sind, unter Stress Bauchfett anwachsen zu lassen, sind sogar gesundheitlich noch gefährdeter. Die Bildung von Bauchfett ist deshalb ein Zeichen von Widerstandskraft. Ich bezeichne es deshalb gerne als Kampfgewicht. Doch auch hier ist alles eine Frage der Dosis, denn Dauerstress wird an einem bestimmten Punkt auch die Widerstandsfähigsten krank und depressiv werden lassen, weil die bereits erwähnte HPA-Achse ausbrennt.

Der einzige Weg, dieses Fettgewebe abzubauen, besteht deshalb in der Aneignung von mehr Mañana-Kompetenz. Menschen mit zu vollem Terminkalender, zu vielen Reisen, zu viel Nachtarbeit, Zeitzonenwechseln und Schlafmangel werden bei vitaler Veranlagung das Wachsen der Wampe bemerken. Wer wieder zurück zu seinem entspannten Hosenbund möchte, der schafft dies nur, wenn er dem Parasympathikus mehr Platz einräumt.

Die meisten Menschen nehmen durch sportliche Betätigung ab, andere wiederum nicht. Wieso? Des Rätsels Lösung besteht darin, dass Sport als quälende Abnehmprozedur durch Fettverbrennung nichts bewirkt außer Hunger und Stress. Wer Sport regelrecht hasst, wird sogar eher zusätzliches Bauchfett durch die Quälerei aufbauen. Wer jedoch Sport zur Entspannung einsetzt, Freude an der eigenen Bewegung hat, angenehme Menschen dabei trifft oder die Schönheit der Natur genießt, der nutzt Bewegung und Sport für Mañana-Kompetenz. Die Folge: Steigerung der mentalen Regeneration und weniger Cortisolausschüttung. Das macht nicht nur Freude, sondern ist sogar mit einem Abschmelzen des Bauchfetts verbunden. So kann man durch Sport dauerhaft Gewicht verlieren – sogar dann, wenn man sich nach der Anstrengung eine schmackhafte Jause gönnt.

Vom Dauerstress zum Burn-out

Zu Beginn dieses Kapitels sprachen wir von den zwei Abwehrreaktionen des vegetativen Nervensystems. Die erste ist aktiv – Kampf und Flucht – und damit Sache des Sympathikus. Die zweite ist passiv – eine totale Lähmung im Sinne eines Totstellreflexes – und folgerichtig Sache des Parasympathikus. Wie muss man sich diesen Abwehrmodus nun vorstellen?

Unser Körper reagiert auf eine extreme Gefahr, bei der keine Fluchtmöglichkeit mehr besteht, mit der maximalen Lähmung aller Leistungsorgane. Das ist schön zu beobachten auf YouTube-Videos, in denen sich sicher wähnende Safariteilnehmer unerwarteten Besuch bekommen. Ein großes Raubtier dringt plötzlich in den Innenraum des Jeeps ein. Der maximal aktivierte Parasympathikus sorgt nun dafür, dass keiner mit der Wimper zuckt – in der Hoffnung, dass der Leopard dadurch das Interesse an einem Nachtisch verliert. Wir werden starr vor Angst, körperlich messbar an der starken Verlangsamung des Herzschlags. Manchmal ist der Auslöser für eine solche Lähmung auch ein schleichender Prozess der Überlastung, also des Dauersympathikus, der in Einsamkeit und Verzweiflung mündet. Irgendwann geben wir die Hoffnung auf, weil jede Aktivität sinnlos geworden ist. Der Parasympathikus zieht uns, salopp ausgedrückt, den Stecker. Wir verfallen in einen Zustand der inneren Lähmung, die dem Vollbild eines Burn-out entspricht. Der typische Burn-out-Patient schafft es vielleicht noch an seinen Arbeitsplatz, starrt dann aber auf seinen Bildschirm und bekommt nichts auf die Reihe. Spricht man ihn darauf an, ist er sich dessen nicht bewusst und kann keinen klaren Gedanken äußern. In die Praxis kommt er dann in Begleitung eines Arbeitskollegen oder Lebenspartners, und die Hilfe kann beginnen – meist in Form einer längeren therapeutisch begleiteten Auszeit. Der Burn-out ist die letzte Abwehrreaktion des Körpers, wenn keine Flucht mehr möglich erscheint – ausgelöst durch den Parasympathikus. Wie kann es aber sein, dass die bremsende Wirkung des Parasympathikus beispielsweise auf den Herzschlag einmal als gesund und ein andermal als krank gilt? Um die tiefgehende Bedeutung des Parasympathikus im Rahmen der Homöostase zu verstehen, muss zunächst dieses Rätsel gelöst werden.

Die Polyvagal-Theorie

Der amerikanische Neurowissenschaftler Stephen Porges geht von der Existenz zweier unterschiedlicher Parasympathikus-Systeme aus, die er im Stammhirn lokalisiert.[39] Demzufolge unterteilt er den Hauptnerv des Parasympathikus, den Vagus-Nerv, in zwei verschiedene Äste – daher der Begriff »Polyvagal«. Im vorderen Teil des Stammhirns fördert ein System die innere Homöostase; es übt mit seiner beruhigenden Wirkung einen gesunden Einfluss aus. Das zweite, im hinteren Teil des Stammhirns befindliche System löst die extreme Abwehrreaktion, die lähmende Angststarre, aus. Wie funktioniert nun der vordere Parasympathikus? Wie kann er seine be-

Das dynamische Gleichgewicht der Homöostase

ruhigende Wirkung auch angesichts der täglich zu bewältigenden Herausforderungen entfalten?

Von Reptilien und Säugetieren

Hierzu müssen wir einen weiten Blick zurück in die biologische Evolution werfen. Die frühen Reptilien, die lange vor den Säugetieren die Erde bevölkerten, entwickelten die Fähigkeit, bei Gefahr ihren Stoffwechsel herunterzuregulieren. Da sie nur wenig Sauerstoff benötigten, konnten sie ihren Herzschlag sehr stark bremsen, um zu überleben. Diese Strategie, die über Nervenfasern des Parasympathikus eingeleitet wird, ermöglicht einen konservierenden Zustand, den später auch Säugetiere als einfache Abwehrmaßnahme nutzten, indem sie sich bei extremer Gefahr quasi totstellten. Da Säugetiere jedoch viel mehr Sauerstoff benötigen, barg diese Strategie ein tödliches Risiko. Deshalb entwickelten sich bei Säugetieren mit der Zeit neue parasympathische Nervenfasern, die diese gefährliche Abwehrreaktion dämpfen konnten. Diese neuen Nervenstränge verbanden den Herzschlag mit der Atemfrequenz und begannen über das Stammhirn mit den Nerven der Gesichts- und Gehörmuskeln zu interagieren. Warum? Weil Säugetiere die Fähigkeit entwickelten, als soziale Wesen Herausforderungen besser gemeinsam als alleine zu bewältigen.

Das neue Erkennungssystem für soziale Verbundenheit

Zwei Schritte waren dazu notwendig. Zunächst eine Dämpfung der Abwehrreaktionen sowohl des panischen Sympathikus als auch des lähmenden alten Parasympathikus, denn panisch flüchtend oder angsterstarrt lässt sich schwer kommunizieren. Darüber hinaus war ein neues System erforderlich, mit dem soziale Unterstützung signalisiert und erkannt werden konnte. Die neue Verbindung von Atmung, Herzschlag sowie Mimik und Tonfall ermöglicht es immer besser, anhand der Stimme und des Gesichtsausdrucks Rückschlüsse auf den inneren Zustand des anderen zu ziehen. Wir erkennen so, ob man es gut mit uns meint oder nicht. Meldet das Erkennungssystem soziale Verbundenheit, nutzen wir die Signale, um uns zu beruhigen und ebenfalls um Unterstützung auszustrahlen.

Beispielsweise führen bestimmte Muskeln des Mittelohrs zu einer besonders guten Wahrnehmung von Frequenzen, die Unterstützung signalisieren. Durch die Verbindung zum Herzschlag und zur Atmung vermitteln sie dann eine beruhigende, die Homöostase unterstützende Wirkung. Das ist der physiologische Hintergrund, wenn Eltern lächelnd mit einem bestimmten Tonfall ihr Kind besänftigen oder ein empathisch begabter Chirurg sich vor der Operation beruhigend dem Patienten direkt zuwendet und Vertrauen aufbaut. Untersuchungen belegen, dass Patienten, die sich einer Herzkatheteruntersuchung unterziehen müssen, einen geringeren Anstieg des Stresshormons Cortisol aufweisen, wenn sie nicht ruhig daliegen müssen, sondern während des Eingriffs mit dem Arzt reden können. Ebenso haben schwer erkrankte Menschen einen besseren Krankheitsverlauf, wenn sie in eine intakte soziale Umgebung eingebettet sind, also Familie und Freunde für sie da sind.[40]

»Es brennt«

Besonders in sehr bedrohlichen und komplexen Situationen ermöglicht uns der neue Parasympathikus, kühlen Kopf zu bewahren und gemeinsam mit anderen gute Lösungen zu finden, wo uns ansonsten Panik und Angststarre ins Verderben führen würden.

Stellen Sie sich vor, Sie befinden sich in einem brennenden Haus. Der maximal aktivierte Sympathikus löst die erste Abwehrreaktion aus, wilde Flucht aus der nächstgelegenen Tür. Doch im fünften Stock droht dabei in vielen Fällen eine schwere Rauchvergiftung. Daher ist es besser, die Panik zu dämpfen; dies kann vielleicht durch eine ebenfalls anwesende vertraute Person geschehen, durch die Sirenen der nahenden Feuerwehr oder auch durch die Erinnerung an die Großmutter, die stets in Krisen kühlen Kopf bewahrte. Dies sind alles Hinweise auf eine Gemeinschaft, die zu einer besseren Lösung führt, beispielsweise durchs Fenster über die Feuerleiter. Vielleicht gibt es aber nur eine aufblasbare Sprungmatratze. Und dies führt nun zur zweiten Abwehrreaktion, der Lähmung. Sie sitzen auf dem Fenstersims im fünften Stock. Der Sprung geht zwölf Meter in die Tiefe. Die Matratze sieht von oben winzig aus. Wenn jetzt der alte Parasympathikus das Ruder übernimmt, werden Sie wie gelähmt sitzen bleiben. Was Sie nun brauchen, ist ein tiefes Vertrauen, dass der Sprung gut gehen wird. Das ermöglichen Ihnen vertraute Personen, die Ihnen Mut zurufen, und das tiefe Wissen, dass die Feuerwehr weiß, was sie tut. Auch gute Erinnerungen an solche Personen können dies leisten. Das Vertrauen auf andere versetzt Sie in die Lage, in die Tiefe zu springen und sich zu retten. Das ist das Werk des neuen Parasympathikus. Eine Meisterleistung der Evolution.

Die zwei Störungen der Homöostase: Panischer Aktionismus

Die zwei Störungen der Homöostase: Lähmende Angststarre

Herzfrequenzvariabilität

Die Aktivierung des neuen Parasympathikus kann man sogar objektiv messen, und zwar anhand der Herzfrequenzvariabilität (HRV).[41] Dafür nutzt man ein normales EKG, also die Darstellung der elektrischen Impulse des Herzens, wertet sie aber nach anderen Kriterien aus, denn ohne Einfluss des neuen Parasympathikus würde das Herz schneller und vor allem regelmäßiger schlagen. Das klingt erst einmal seltsam, denn man kennt Herzrhythmusstörungen eher als Krankheitssymptom. Es geht jedoch um winzige Unregelmäßigkeiten zwischen den Schlägen, denn ein aktiver neuer Parasympathikus reguliert jeden einzelnen Herzschlag. Deshalb steht ein hohes Maß dieser Mikroschwankungen für eine gute Anpassungsfähigkeit, mit der unser Körper auf äußere Reize reagieren kann. Zeigt die Messung der HRV einen eher starren Herzschlag, ist der gesunde Einfluss des Parasympathikus gehemmt. Wie bei jeder technischen Messung sollte man sich als Therapeut nicht alleine auf die HRV verlassen. Sie kann jedoch wertvolle Hinweise auf die vegetative Verfassung geben. Und vor allem zeigt sie den Therapieerfolg einer erfolgreichen Regeneration ziemlich zuverlässig durch eine Erhöhung dieser Mikroschwankungen an. Sogar durch tiefes Einatmen und anschließendes langsam forciertes Ausatmen kann man die Herzfrequenzvariabilität messbar verbessern. Das ist keine neue Erkenntnis, denn genau solche Atemtechniken finden sich bei bestimmten Yogaübungen.

Fassen wir zusammen

Stress bedeutet eine Störung der körpereigenen Homöostase. Diese Homöostase ist kein starrer Zustand, sondern entsteht im richtigen Wechsel von Anstrengung und Entspannung. So können wir uns gesund entwickeln, aber auch verbrauchte Energien wieder aufladen. Auf diese Weise werden Heilungsprozesse gefördert, und es kommt Lebenszufriedenheit auf.

Diese Regulation ist Aufgabe des vegetativen Nervensystems, das dazu unbewusst und unabhängig von unserem Willen seine zwei Anteile je nach Situation aktiviert, entweder den Sympathikus für Leistung und Kampf oder den Parasympathikus für Regeneration und Reflexion.

In der heutigen Zeit wird dieses dynamische Gleichgewicht vor allem durch pausenarme Daueraktivität gestört. Auch wenn diese Betriebsamkeit anfangs sogar positiv empfunden wird, führt jeder Dauerstress über kurz oder lang zu Aktionismus, Befindlichkeitsstörungen und depressiven Gefühlen. Es kann sich sogar eine regelrechte Stresssucht entwickeln mit fortschreitender Entfremdung von sich selbst, der Familie und den Freunden. Man befindet sich im Regulationszustand einer panischen Dauerflucht. Gestoppt werden kann diese negative Entwicklung durch eine regelmäßige und gezielte Aktivierung des Parasympathikus – eine Fähigkeit, die wir in unserem Buch Mañana-Kompetenz nennen.

Wenn Stressphasen viel zu lange anhalten, oder wenn wir von einer massiven Gefahr ohne Aussicht auf Entkommen bedroht werden, kommt es letztlich zur inneren Lähmung. Wir werden dann starr vor Angst nicht mehr reagieren können. Dies entspricht dem Vollbild eines Burn-out, der unbedingt therapeutischer Hilfe bedarf.

Mañana-Kompetenz entfaltet sich am besten in einer sicheren Umgebung

Der Polyvagal-Theorie zufolge entwickelten Säugetiere – und ganz besonders der Mensch – eine neue Strategie, um diesen Gefahren besonders effektiv zu begegnen: die Fähigkeit, soziale Unterstützung wahrzunehmen und auszustrahlen. Dazu bildeten die Säugetiere neue parasympathische Nervenfasern, die sich mit Herz und Lunge sowie den Gesichts- und Gehörmuskeln verbanden. Dieser neue Parasympathikus ist in der Lage, sowohl panische Dauerflucht als auch lähmende Angststarre zu hemmen, um so ganz gezielt auf soziale Unterstützung zu setzen. Auf diese Weise gelingt es selbst in scheinbar aussichtslosen Situationen, sich zu beruhigen und mit anderen gemeinsam eine gute Lösung zu finden. Alles, was soziale Sicherheit ausstrahlt – sogar nur die Erinnerung daran –, hilft uns, diesen neuen Parasympathikus zu nutzen. Für die Mañana-Kompetenz bedeutet dies: Alles, was wir im Hinblick auf Entspannung nutzen, wirkt umso besser, wenn wir uns dabei sicher und sozial unterstützt fühlen.

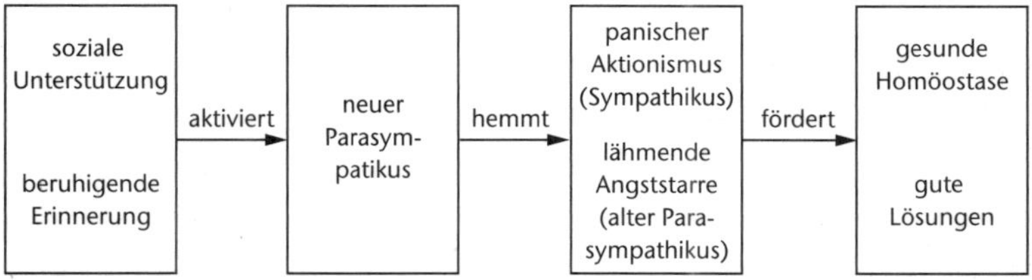

Die Wirkung des neuen Parasympathikus (Polyvagal-Theorie)

4 Das Leben rauscht an mir vorbei

Warum wir nicht mehr fühlen, was wir tun

Wir haben den körperlichen Folgen von Dauerstress ein langes Kapitel gewidmet. Aber ganz ehrlich: Besteht die eigentliche Katastrophe in der Entwicklung eines Altersdiabetes oder einer Herzkrankheit im Alter von 70 Jahren nicht vielmehr darin, vorher 40 Jahre unzufrieden und gehetzt gelebt zu haben? Dabei ist jedoch nicht die hohe Leistungsanforderung, drei Kindern aufziehen, die pflegebedürftigen Eltern vor dem Altersheim bewahren oder eine tolle Karriere hinlegen zu wollen, das eigentliche Problem. Der Trierer Stressforscher Peter Becker sieht den Zusammenhang von Stress und psychischen wie körperlichen Befindungsstörungen vor allem in einem Mangel an Befriedigung von persönlichen Bedürfnissen.[42] Diese Bedürfnisse sind je nach Veranlagung und Lebenserfahrung vielfältig und individuell unterschiedlich stark ausgeprägt, beispielsweise das Bedürfnis nach Geselligkeit, nach Anerkennung, künstlerischem Ausdruck, Abenteuer, Erotik, Sicherheit, Rückzug, Reichtum, Status, Ruhm, Gerechtigkeit, Freiheit usw. Auch rein körperliche Bedürfnisse würden wir dazu zählen, wie das Bedürfnis nach Wärme, Schlaf, gutem Essen oder sportlicher Betätigung. Stressfaktoren wie Arbeitszeiten oder Erfolgsdruck sind diesen Untersuchungen zufolge nur dann belastend, wenn als Folge unsere eigentlichen Bedürfnisse keine Befriedigung finden können. Wir sehen unsere Kinder nur noch schlafend in ihren Betten. Wir schaffen es nicht mehr wie früher, mit anderen zusammen Musik zu machen. Wir machen keinen Sport mehr. Wir erleben unsere Partnerschaft nur noch als Organisationsteam und nicht mehr als Quelle von Lust, Inspiration und liebevoller Zuwendung. Darunter leiden wir und fühlen uns zunehmend fremdbestimmt.

Wenn wir die in den Kapiteln 2 bis 4 vorgestellten wissenschaftlichen Modelle kombinieren, lässt sich gut erklären, warum heute viele Menschen das Gefühl haben, dass ihr Leben an ihnen vorbeirauscht.

- Der Mangel an Bedürfnisbefriedigung erklärt, warum wir unter Dauerstress oder Angststarre unzufrieden und unglücklich werden.
- Mangelnder Selbstzugang versperrt uns den Kontakt zu unserem emotionalen Bewertungssystem. Uns fehlt das Gespür für unsere eigentlichen Bedürfnisse. Wir werden anfällig für Selbstinfiltration und interpretieren die Erwartungen anderer als unsere eigenen Ziele, wobei für uns dann nicht mehr nachprüfbar ist, ob ihre Realisierung wirklich gut für uns ist. Dies führt unweigerlich in die Selbstentfremdung, während ein guter Selbstzugang authentisches Handeln ermöglicht. Die Voraussetzung für Lebenszufriedenheit besteht in dem Gefühl, mit uns selbst im Einklang zu sein.
- Die Polyvagal-Theorie wiederum kann sehr gut erklären, wie ein Leben ohne Sicherheit, Zuversicht und soziale Unterstützung die Voraussetzung für den Selbstzugang blockiert. Dann haben die beiden Ab-

wehrsysteme – panischer Aktionismus und lähmende Angststarre – leichtes Spiel, besonders bei den in Kapitel 2 beschriebenen Dünnhäutern. Aber auch Dickhäuter kommen irgendwann an ihre Grenzen. Wenn es nicht mehr gelingt, den neuen Parasympathikus zu aktivieren, dann können wir Panik und Angstgefühle nicht eindämmen und verlieren die Fähigkeit, mit anderen zusammen durchdachte und vernünftige Lösungen zu finden. Deswegen halten wir auch nichts davon, bei ernsten Problemen wie dem Klimawandel oder der Bedrohung durch ein gefährliches Virus auf Panik zu setzen. Dies führt allermeist zu kopflosem Aktionismus. Viel besser ist es, sich und andere zu beruhigen, um wirklich durchdachte Lösungen zu erarbeiten – Lösungen, die das Gesamtergebnis im Blick haben und die dann gemeinsam mit Zuversicht und Optimismus umgesetzt werden können.

Übersetzen wir diese Modelle nun ins wirkliche Leben.

Wenn ich sitze, dann …

Sie kennen vielleicht folgende Geschichte: Ein Zenmeister wurde einmal nach dem Geheimnis seines erfüllten Lebens gefragt. Er antwortete: »Wenn ich stehe, dann stehe ich; wenn ich gehe, dann gehe ich; wenn ich sitze, dann sitze ich; wenn ich esse, dann esse ich …« Da unterbrachen ihn seine Gäste und sagten: »Das ist keine Neuigkeit, all das tun wir auch. Du musst doch darüber hinaus ein Geheimnis haben.« Er schaute sie ruhig an und sagte: »Wenn ich stehe, dann stehe ich; wenn ich gehe, dann gehe ich; wenn ich sitze, dann sitze ich; wenn ich esse, dann esse ich ...« Da wurden seine Zuhörer ärgerlich und riefen: »Das hast du uns doch schon gesagt. All das tun wir doch auch.« Der Meister aber sagte: »So kann nur reden, wer sich nicht kennt. Beobachtet euch doch: Wenn ihr sitzt, dann steht ihr schon wieder; wenn ihr steht, dann lauft ihr schon; und wenn ihr lauft, dann seid ihr schon am Ziel.«

Diese Geschichte taucht immer wieder in Magazinen und Internetseiten auf, sie scheint eine tiefe Sehnsucht in uns auszudrücken. Übertragen wir sie auf unsere Lebenssituation, könnte sie so lauten: Wenn ich schlafe, dann liege ich nicht stundenlang wach im Bett; wenn ich arbeite, dann kann ich mich genau auf meine Aufgaben konzentrieren; wenn ich esse, dann schaue ich nicht ständig auf mein Handy; wenn ich mit der Familie abends zusammensitze, dann freue ich mich auf die kleinen Geschichten der Kinder und höre aufmerksam zu; wenn ich die kranke Tante besuche, dann denke ich nicht ständig an die Präsentation am folgenden Tag; wenn ich mit meinem/r Liebsten auf der Terrasse sitze, dann lästere ich nicht über meine Arbeitskollegen, sondern wir erfreuen uns gemeinsam an dem schönen Sonnenuntergang. Damit scheinen wir aber ein Problem zu haben. Es gelingt uns einfach nicht mehr, in den verschiedenen Lebenssituationen die entsprechenden Gefühle zu entwickeln und adäquat zu reagieren. Unser Leben ist angefüllt mit verschiedenen Aktivitäten und fühlt sich gleichzeitig so seltsam leer an.

Wenn ich am Ende eines Vorsorge-Check-ups mit dem Patienten die Untersuchungsergebnisse bespreche und dabei Gott sei Dank nichts Ernstes gefunden wurde, stelle ich bei ihm trotzdem oft eine tiefe Unzufriedenheit mit der eigenen Lebenssituation fest. Viele Menschen haben heute das Gefühl, als säßen sie in einem Hochgeschwindigkeitszug. Durch das Fenster sehen sie vieles vorbeiziehen: ihre Familie und Freunde, ihre anderen Talente und Hobbys – viele Dinge, die sie eigentlich auch interessieren würden. Sie haben das Gefühl, dass das Leben an ihnen vorbeirauscht. Man will »Haaalt« schreien und bremsen, weiß aber nicht, wie man das bewerkstelligen könnte. Das geht sogar Menschen so, die eigentlich im richtigen Zug sitzen. Sie haben durchaus das Gefühl, ihren Traumjob oder Familientraum zu leben, und trotzdem würde man gerne ab und zu mal aussteigen, verweilen oder eine andere Strecke ausprobieren. Mit der gleichen Intensität, mit der sie ihre Arbeit erledigen oder drei Kinder großziehen, würden sie sich gerne auch anderen Interessen widmen, andere Menschen und Orte kennenlernen, andere schöne Augenblicke im Alltag genießen. Aber es gelingt nicht, bei Hochgeschwindigkeit kann man nicht den Zug wechseln. Zuerst müsste er die Geschwindigkeit reduzieren und in den Bahnhof einfahren. Dort kann man sich überlegen, ob man einen anderen Zug nehmen möchte, vielleicht einen Bummelzug oder wieder einen ICE, einen Familienzug oder Hobbyzug. Erst dort kann man auswählen und wechseln.

Dass ein Hochgeschwindigkeitszug auch mal in die Wartungshalle muss, um defekte Bremsen, verstopfte Leitungen oder andere Verschleißmängel zu reparieren, darüber haben wir gerade im medizinischen Teil gesprochen. Nun geht es darum, weshalb unser Leben, obwohl es reichlich mit Aktivitäten, Reisen und Terminen angefüllt ist, immer weniger mit Gefühlen verbunden ist. Auch dieses weitverbreitete Lebensgefühl hat nämlich viel mit Mañana zu tun. Ohne Mañana-Kompetenz gelingt es nicht, sich einer neuen Situation angemessen zu widmen und adäquat auf sie zu reagieren. Ist der Sympathikus ununterbrochen aktiv, braucht unser Gehirn zu lange, um sich auf eine neue Situation emotional einzustellen. Wenn wir uns nach Arbeitsschluss wieder dem Privatleben zuwenden wollen, ohne vorher den Parasympathikus aktiviert zu haben, verharren wir gedanklich noch im Büro. Wir können gar nicht anders. Mit Verstand und Willen allein gelingt es nicht, sich dann auf die Familie einzustellen. Wir zwingen uns zwar, zuzuhören, aber eigentlich interessiert es uns nicht, weil es uns emotional nicht berührt. Die Fälle, die wir nun vorstellen, kommen oft aufgrund einer Mischung aus fehlendem Selbstzugang und Dopaminrausch zustande. Sie schildern, wie wir die Vielfalt des Lebens zwar wahrnehmen, aber nicht mehr spüren können. So kann es passieren, dass wir im Leben zwar all das erreichen, von dem wir meinen, dass es in einem geglückten Leben erreicht werden sollte. Wir denken dann, wir sollten glücklich sein, spüren es aber nicht mehr.

Wenn wir ohne Mañana-Kompetenz unseren Tag planen, dann werden wir es zwar schaffen, die kranke Tante zu besuchen, die im Krankenhaus liegt. Sie hat sich ja auch immer um ihre Nichten und Neffen gekümmert und keinen Geburtstag vergessen. Wir möchten ihr gerne dafür etwas zurückgeben. Also schaffen wir es trotz des Termindrucks, tatsächlich im Krankenzimmer zu stehen. Und dann? Wir nehmen ihren Leidensdruck wahr, aber schauen trotzdem ständig auf das Smartphone; wir registrieren den erneuerungsbedürftigen Anstrich im Krankenhausflur und sprechen über die altertümliche Einrichtung des Zimmers, anstatt der Tante die Aufmerksamkeit zu schenken, die sie jetzt benötigt. Alle Besserungswünsche klingen schal, und die Tante spürt die fehlende wahre Anteilnahme. Nach dem Besuch merken wir dann durchaus, dass etwas nicht stimmte. Aber wir konnten gar nicht anders. Ohne den Parasympathikus vorher aktiviert zu haben, sind wir in der Gedankenwelt der vorhergehenden Arbeitssituation gefangen.

Der typische Satz, den ein arbeitender Mensch in solch einer Situation von seiner Familie zu hören bekommt, lautet: »Du bist zwar körperlich anwesend, aber geistig überhaupt nicht da.« Wir sitzen abends nach der Arbeit mit der Familie am Tisch, schaffen es aber nicht, unsere Aufmerksamkeit auf die Geschichten der Kinder zu richten. Man nimmt zwar alles wahr, ist aber nicht in der Lage, seine Fixierung zu ändern, weshalb man fahrig und abwesend wirkt. Wie oft hört man dann die Klage, man würde sich nicht für die Belange der Familie interessieren. Das ist hart. Kämpft man nicht einen gnadenlosen Kampf im Arbeitsleben, um die Wohnung, die Urlaube, das Auto und so vieles mehr zu finanzieren? Und ist es nicht auch unfair? Sie können gar nicht anders, wenn Sie abgehetzt, um ja nicht noch später nach Hause zu kommen, zur Wohnungstür hereinkommen. Folgende Situation habe ich so ähnlich mehr als einmal geschildert bekommen.

Wenn man heute beruflich vorankommen will, muss man in vielen Fällen öfter die Stelle wechseln. Das bedeutet auch mehrfachen Wohnortwechsel. Da man den Kindern nach dem dritten Umzug nicht einen erneuten Schulwechsel zumuten möchte, versucht man am Ort wohnen zu bleiben und nimmt deshalb auch mehrstündige Autofahrten ins Büro in Kauf. Um die Fahrtzeiten zu nutzen, werden viele Telefonate im Auto erledigt. So kommt es nicht selten vor, dass man auf der Heimfahrt, kurz bevor man zu Hause ankommt, einen wichtigen Anruf erhält, bei dem ein Problem für eine Lieferung geschildert wird, das man noch bis zum nächsten Morgen zu lösen hat. Noch in der Einfahrt stehend, diskutiert man Lösungsansätze, verteilt Aufgaben und vereinbart einen Rückruf in zwei Stunden. Mit der Problemlösung im Kopf kommt man dann ins Haus. Die vierjährige Tochter stürmt einem entgegen und zeigt aufgeregt auf das Knie: »Guck mal, ich hab ein Aua.« Man sieht den kleinen Kratzer, aber sagt nichts dazu. Man hat schließlich Probleme von ganz anderem Kaliber zu lösen. Keine Frage, dieses Verhalten ist unpassend und erschwert langfristig eine enge, vertrauensvolle Bindung an die eigenen Kinder. Aber haben Sie eine Chance? Wenn Sie ohne Mañana-Kompetenz zur Haustür reinstürmen, können Sie sich den Kindern emotional gar nicht adäquat zuwenden. Viel leichter fällt es Ihnen da, sich daheim genauso wie im Büro zu verhalten. So werden Sie schnell Dinge bemerken, die nicht erledigt sind, oder Ecken, die besser aufgeräumt sein könnten. Dann folgt ein bisschen »Management by helicopter«, man motzt ein bisschen herum, ist jedoch nicht in der Lage, sich wirklich für die anderen Familienmitglieder zu öffnen.

Dass man die Vorwürfe zu Hause dann irgendwann satthat, ist nachvollziehbar, doch keine Lösung. Was dann passiert, habe ich selbst als Assistenzarzt erleben müssen, und zwar an einem Heiligabend, an dem ich Nachtdienst hatte. Man denke nicht, an Heiligabend sei es in einem Krankenhaus besonders ruhig. Das Gegenteil ist der Fall. Ziemlich k. o. schaffte ich es endlich gegen Mitternacht wie vereinbart ins Dienstzimmer, um mit den anderen Diensthabenden noch ein bisschen Weihnachtsstimmung zu erleben. Und wen traf ich da?

Fast alle Oberärzte, auch diejenigen, die gar keinen Dienst hatten. Was zum Teufel hatten sie am Weihnachtsabend um Mitternacht im Krankenhaus zu suchen? Da sollte man doch bei Familien und Freunden sein. Fakt war: Die Entfremdung ihrer Familie gegenüber war schon so groß, dass sie es zu Hause nicht mehr ausgehalten hatten (»Keiner versteht mich«) und jetzt Zuflucht in der gewohnten Umgebung suchten. Weihnachtsstimmung oder besinnliche Gespräche kamen jedoch nicht auf. Sie beschenkten sich gegenseitig mit Zynismus und depressiven Sprüchen. Nun waren Arbeitszeiten im Krankenhaus besonders zu meiner Zeit brutal und extrem familienfeindlich. Dennoch: Wenn rechtzeitig Mañana-Kompetenz eingesetzt wird, muss es auch in solchen Fällen nicht so weit kommen.

Oft sind es einfach zu hohe Erwartungen an uns selbst, die uns glauben machen, wir dürften uns Mañana nicht leisten. Hier wird es Zeit, einmal für eine arme mañanalose Spezies die Lanze zu brechen, die jungen Eltern. Wie oft habe ich schon ähnliche Situation geschildert bekommen. Zunächst zum Vater. Irgendjemand muss ihnen eine Liste mit folgenden Aufgaben vorgelegt haben: Ein moderner Mann muss eine tolle Karriere hinlegen, der beste Papi sein, einen feurigen Liebhaber abgeben, beim Stadtmarathon unter den besten zehn ankommen und fantastische Freundschaften pflegen. Ganz toll, aber ohne Mañana-Kompetenz muss das zwangsläufig schiefgehen.

Michael ist 36 und glücklich verheiratet. Er hat eine leitende Managerposition in einem großen Unternehmen. Voller Stolz erzählt er im Führungsseminar, wie er seinen Tag einteilt. Morgens um 6:30 Uhr das Frühstück für die Familie vorbereiten, dann diese wecken und sich mit einem Kuss verabschieden. Firma von 7:30 Uhr bis spätabends. Er beeilt sich, nicht zu spät heimzufahren, und manchmal reicht es noch, das Sandmännchen mitanzuschauen und den Kindern eine Gutenachtgeschichte vorzulesen. Seine Frau geht meist erschöpft von der Kindererziehung schon gegen 21 Uhr zu Bett. Wenn dann alle schlafen, hat er endlich Zeit, seinen Computer hochzufahren, um in Ruhe seine E-Mails zu bearbeiten. Gegen 23 Uhr ist das dann meist erledigt. Bevor er sich schlafen legen kann, schaut er erschöpft noch ein bisschen fern und schläft dabei ein. Am Wochenende kocht er gerne auch mal für die Familie, wobei er zumindest am Samstag telefonisch erreichbar sein muss. »Das ist aber kein Problem«, sagt er, »das Smartphone kann man ja auf den Sportplatz mitnehmen«, wohin er samstags seinen Sohn begleitet, der in der Minimannschaft Fußball spielt.

»Und wie lange gedenken Sie das durchzuhalten?« Auf die Frage reagiert er mit Unverständnis. »Meine Arbeit macht mir Spaß. Ich denke schon, dass ich ein guter Papi bin.«

»Spüren Sie aber auch, dass Sie Papi sind?«

Und die Mutter? Beide hatten ohne Kinder keine Probleme. Beide machten Karriere, und beide genossen ihre Kurzurlaube in schönen Hotels. Doch dann kamen sie, die Kleinen. Wer übernimmt dann Verantwortung, meist dann halt doch die Frau. Miriam behält ihren Job, aber steigt um auf halbtags. Das gilt nicht für ihren Anspruch, und deshalb arbeitet sie de facto 80 Prozent, freilich ohne die Anerkennung dafür zu bekommen. Kinder können extrem anstrengend sein, das wissen nur Eltern wirklich. Nach dem zweiten Kind schmeißt Miriam frustriert ihren Job und widmet sich jetzt ganz der Erziehung, die sie perfekt umsetzen möchte: nur ökologische Lebensmittel, Fremdsprachen schon mit vier und am besten zwei Instrumente gleichzeitig lernen. Und dieser Organisationsstress ohne die Unterstützung der Großfamilie. Frust pur.

Meine Frage mag auf den ersten Blick etwas penetrant wirken, hat aber einen fatalen Hintergrund. Michael und Miriam arbeiten die Aktivitäten, von denen sie denken, dass gute Eltern sie übernehmen müssen, zwar gewissenhaft ab; es besteht jedoch die Gefahr, dass beide gar nicht mehr dazu kommen, sie auch mit einem Gefühl zu verknüpfen.

Was also tun? Ein kleines Beispiel: Die Fullmoon Boys sind eine ziemlich groovige Band, und ich spiele die Keyboards. Meine Mitmusiker lieben ebenso wie ich die Musik, und wir haben während des Studiums in vielen Bands gespielt. In den letzten Jahren kam diese Leidenschaft aus beruflichen Gründen jedoch unter die Räder. Es ist schier unmöglich, angesichts der beruflichen Anforderungen, denen die meisten von uns ausgesetzt sind, vier Musiker zu finden, die einen ähnlichen Geschmack haben, auf vergleichbarem Level spielen und bereit sind, regelmäßig zu proben und dabei den Spaß in den Vordergrund zu stellen. Eigentlich ein Ding der Unmöglichkeit, aber durch einen glücklichen Zufall hat es bei uns geklappt. Wir erfüllen uns mit dieser Band einen musikalischen Traum.

Manchmal treten wir werktags in Kneipen auf, und ich freue mich schon Tage zuvor darauf. Doch wie hatte ich diese Auftritte in meinem Terminkalender untergebracht? Natürlich indem ich vorher einen ganz normalen Arbeitstag bewältigte, am Abend noch schnell alle Rückrufe zu erledigen versuchte, um dann gerade noch rechtzeitig auf die Bühne zu hetzen und das ganze Equipment aufzubauen.

Während andere entspannt Cocktails an der Bar schlürften, hantierte ich mit Kabeln und suchte verzweifelt eine Dreiersteckdose. Obwohl ich mir mit den Auftritten eigentlich einen Traum erfüllte, bemitleidete ich mich im Geheimen. »Da hetze ich mich ab, schaue, dass alles läuft, Praxis, Familie – und wenn ich mir *einmal* Zeit für mich selbst aus den Rippen schneide, dann nur zu dem Preis, gleich einen Herzinfarkt zu bekommen. Warum mache ich das eigentlich?«

Ging das Konzert dann los, drückte ich zwar meistens die richtigen Tasten, befand mich gedanklich aber noch in der Sprechstunde. »Mist! Völlig vergessen, ich wollte doch noch meine Mitarbeiterin bitten, ein Rezept an Frau Müller-Maier loszuschicken. Hab ich eigentlich Herrn Baumann zurückgerufen? Und morgen ruft wahrscheinlich die Versicherung an und fragt wieder, wann ich endlich das Gutachten zurückschicke.«

Irgendwann musste ich mir selbst weitere Grübeleien verbieten, um überhaupt noch etwas von meinem eigenen Konzert zu haben. Schließlich war es wie im Flug vorbei, und ich hatte irgendwie das Gefühl, etwas verpasst zu haben. Karin, Dietmar und Michi waren da, alte Freunde, denen ich gerade mal »Hallo, wie geht's« zugerufen habe, und dass der Steaktoast sehr lecker war, habe ich irgendwie nebenbei registriert, so hastig habe ich ihn mir in der Pause einverleibt. Selbst zum Fachsimpeln mit meinen Mitmusikern hatte ich keine Zeit, dabei freue ich mich darauf immer ganz besonders, wenn wir beim Aufbau unsere neuesten Lieblingsstücke einlegen. Kurz: Ich war zwar da, aber nicht anwesend. Eine alte chinesische Weisheit besagt: Der Körper reist vor, die

Seele nach. Man muss erst richtig ankommen, um zu spüren und zu fühlen.

Frust also bei der Erfüllung eines Herzenswunsches. Das musste anders werden. Und ich mache es inzwischen auch ganz anders. Meine Sprechstunde hört an diesen Tagen um 15 Uhr auf. Zu Hause trinke ich in Ruhe einen Kaffee. Dann fahre ich zwei Stunden früher los, als ich es früher getan hätte. Nach der Ankunft baue ich in aller Ruhe mein Equipment auf, und dann – dann kommt Mañana. Ich bestelle einen Caipirinha, setze mich in einen bequemen Sessel und freue mich auf das Konzert. Ich plaudere entspannt mit Gästen, die langsam eintrudeln, und habe richtig Zeit und Muße, unsere treuen Fans zu begrüßen. Beim Konzert bin ich von der ersten Sekunde an richtig anwesend. Seitdem macht es richtig Spaß, und ich spüre die Musik vom ersten Takt an. Am nächsten Tag denke ich zufrieden zurück, anstatt mich zu fragen, wieso ich eigentlich das Gefühl habe, das Ganze sei vorbeigerauscht.

Dies ist nur ein kleines Beispiel, wie man es besser machen kann. Und zugegebenermaßen kann auch nicht jeder früher von der Arbeit nach Hause gehen. Aber jeder hat seine Mañana-Reserven, wenn er sie nur finden möchte. Dazu müssen wir manchmal auf Dinge verzichten. Klar ist aber auch: Wer alles will, wird wenig haben. Gezielt Mañana einzusetzen bedeutet zwar, vielleicht einiges nicht mehr in den Terminkalender packen zu können. Dafür spüren wir aber ganz anders, was wir erleben. Fahren wir also ab und zu in den Bahnhof ein und schalten vom Denken ins Fühlen um. Wer im Hochgeschwindigkeitszug sitzen bleibt, fährt schneller und weiter. Er wird sich allerdings möglicherweise immer mehr fragen, wozu eigentlich.

Fassen wir zusammen. Es gibt drei gute Gründe, warum heute Mañana-Kompetenz besonders wichtig ist:

1. Um panischen Aktionismus und lähmende Angst in den Griff zu bekommen, damit in einer sicheren Umgebung gute Lösungen für die eigene Lebensplanung gefunden werden können.
2. Um Selbstinfiltration zu vermeiden und einen guten Selbstzugang zu finden. Erst so können eigene Ziele erkannt werden, ohne Gefahr zu laufen, aufs falsche Gleis zu geraten.
3. Um uns in die Lage zu versetzen, auf unsere eigentlichen Bedürfnisse zu achten, und ein Leben in Gesundheit und Zufriedenheit zu führen.

Und nun wird es Zeit, genauer zu erklären, wie man Mañana-Kompetenz erwerben kann.

Teil III

Wie man Mañana-Kompetenz erlernen kann

5 Meine Mañana-Zone
Typen und Neigungen

»Leg dich doch endlich einmal hin, und entspann dich!« Rainer fuhr mit seiner Familie an einen schönen Adriastrand, um Abstand vom beruflichen Stress zu bekommen. Nun baut er Sandburgen und Steinpyramiden mit seiner kleinen Tochter. Seine Frau Christine genießt das Strandleben im Liegestuhl. Der Liegestuhl an ihrer Seite bleibt jedoch meist leer. Sie stellt sich unter Entspannung etwas anderes vor, als Strandburgen zu bauen und Steinchen aufeinanderzusetzen. Faul im Liegestuhl liegen, im Schatten eines Sonnenschirms den Wellen lauschen. Auf dem Tischchen ein kühles Getränk und ein schönes Buch daneben, zu dessen Lektüre man zu Hause ja doch nicht kommt. Herrlich! Doch kaum hat sie ihren Mann in den Liegestuhl hineinmanövriert, wird er unruhig und steht nach zwei Minuten wieder auf. Christine ist genervt, und der erste Urlaubskrach lässt nicht lange auf sich warten.

Parasympathikus-Aktivierung funktioniert bei Rainer eben anders als bei Christine. Es gibt Menschen, die brauchen eine einfache motorische Tätigkeit, um das vom Sympathikus angetriebene Schwirren im Kopf, die ständigen Gedanken um den Beruf, das Ringen um Probleme und Lösungen abzustellen. Erst mit einfachen, stressfreien Tätigkeiten gelingt es, die Parasympathikus-

Sperre aufzuheben. Rainer erholt sich prächtig beim Sandburgenbauen mit der kleinen Tochter und damit, ein Steinchen auf das andere zu setzen. So bekommt er Abstand zum Beruf und entspannt sich. Faul im Liegestuhl lümmeln ist nicht seine Sache. Da würden sofort die Grübeleien beginnen, und er würde zurückgebeamt an seinen Arbeitsplatz, die stellvertretende Leitung eines großen Kaufhauses, bei dem es täglich darum geht, die richtigen Entscheidungen zu treffen. Dies löst in seinem Gehirn einen unwiderstehlichen Bewegungsdrang aus. Die Aussicht, einen ganzen Urlaub im Liegestuhl am Strand zu verbringen, ist für ihn deshalb wenig reizvoll. Rainer empfand es deshalb als sehr befreiend, als wir ihm in der Beratung zusicherten, dass er mit Steinchenaufeinandersetzen die für ihn genau richtige Mañana-Strategie gewählt hatte. Er sucht seitdem auch am Wochenende verstärkt nach solchen Mañana-Aktivitäten – kleine Basteleien oder Kartenspiele mit der Tochter. Seine Frau akzeptiert inzwischen, dass Rainer einfach anders gestrickt ist als sie, und seitdem gelingt es ihm viel besser, in der Familienzeit den Beruf vor der Haustür zu lassen. Ganz ohne Streit.

Altes Wissen

Alle großen Naturheilkunden gehen im Kern ihrer Therapieansätze davon aus, dass wir Menschen verschieden sind. Mit den großen Naturheilkunden meinen wir die uralten, auf Erfahrung basierenden Gesundheitsansätze der großen Kulturen, beispielsweise die älteste überlieferte Heilkunde, das circa 5000 Jahre alte indische Ayurveda, oder die circa 3000 Jahre alte Traditionelle Chinesische Medizin oder auch die alten europäischen Heilungsansätze, wie sie unter anderem im antiken Griechenland praktiziert wurden. In der klassischen Naturheilkunde nennt sich die Erkenntnis, dass kein Mensch dem anderen gleicht, Konstitutionslehre. Am Beispiel des Körpergewichts haben wir bereits gesehen, dass es sehr sinnvoll ist, diese Unterschiede anzuerkennen. Leider hat die moderne Medizin ein Problem damit. Sie arbeitet gerade im Präventionsbereich neben dem Gewicht noch mit anderen starren Normwerten; dabei wäre die Wahrnehmung von Individualität viel sinnvoller – vom Blutdruck über den Cholesterinspiegel bis hin zu Ernährungs- und Bewegungsempfehlungen. Wer dieses alte Wissen respektiert, dem eröffnet sich ein Schatz an Möglichkeiten, den Parasympathikus des Patienten – und damit seine Selbstheilungskräfte (Homöostase) – ganz individuell zu aktivieren. Es kommt eben auf die richtige Dosis von Wärme, Güssen, Bewegung oder Entspannung an. Ist die Dosis zu schwach, erziele ich keinen Effekt. Ist sie zu stark, stresse ich den Organismus.

So versucht ein Arzt, der nach solchen althergebrachten Heilkunden praktiziert, den individuellen Körperbautyp seiner Patienten und daraufhin die richtige Reizstärke der Heilmethode herauszufinden. In der Praxis der traditionellen Kneipp-Medizin kann dies folgendes Vorgehen bedeuten: Das kneippsche Heilprinzip will durch einen Temperaturreiz zunächst den Sympathikus anregen, und zwar genau in der Intensität, dass in der nachfolgenden Ruhephase der Parasympathikus das Zepter übernimmt. Heilende Prozesse werden also nicht direkt durch den kalten Guss ausgelöst, sondern erst in der anschließenden körperlichen Reaktion darauf, im Parasympathikus-Tonus. Also im Mañana-Zustand. Äußerlich sichtbar ist dies durch die nachfolgende innere Erwärmung der zuvor durch den äußeren Guss abgekühlten Haut. Wenn ich nun einem eher hageren, blassen Menschen einen kalten kneippschen Vollguss verabreiche, wird sich die Haut nach dem Guss nicht erwärmen, sondern dieser Kneipp-Patient wird die nächsten Stunden vor allem stark frösteln. Es werden keine Heilungsprozesse angeregt, sondern er holt sich vielmehr einen Schnupfen. Einen solchen Körperbautyp bezeichnet man im Ayurveda als Vata-Typ, in der Traditionellen Chinesischen Medizin würde man von einem Leeretyp sprechen. Im europäischen Sprachgebrauch fallen solche Menschen, die wenig subkutanes Fettgewebe aufweisen, unter die Kategorie Leptosom.

Wenn ich also beim Vata-Typ durch kneippsche Güsse einen Heilungsprozess auslösen möchte, dann muss ich bei ihm zunächst die Haut aufwärmen, entweder durch Bewegung, eine milde Sauna oder ein warmes Bad. Beim Kurbeginn bekommt er keinen kalten Vollguss, sondern Wechselfußbäder mit nur schwachen Kaltreizen, begrenzt auf kleinere Körperregionen. So hat der Parasympathikus, erkennbar an der nachfolgenden Erwärmung, eine Chance. Erst wenn der Parasympathikus-Tonus stabilisiert ist, können gegen Ende einer solchen Kneippkur auch kräftige Reize folgen, nach denen sich dann auch die Haut richtig aufwärmt.

Ganz anders beim Kapha-Typ, beim chinesischen Fülletyp oder dem, was wir in unserem Sprachgebrauch Pykniker nennen. Dies sind fülliger gebaute Menschen. Sie haben von der Veranlagung her ein viel ausgeprägteres subkutanes Fettgewebe und neigen deswegen entsprechend auch viel mehr zum Schwitzen. Sind Pykniker und Leptosom miteinander verheiratet, wird es öfter eine Diskussion geben, ob bei Nacht das Fenster offen bleibt oder geschlossen wird, ob man die Heizung hoch- oder runterdreht. Ein Pykniker braucht von Anfang an kalte Reize, sonst tut sich bei der Parasympathikus-Aktivierung nichts. Es gibt sonst kein Nachwärmen, und Heilungsprozesse können ihre Kraft nicht entfalten.

Das Prinzip der unterschiedlichen Typen steht über allen Aktivitäten, die durch Parasympathikus-Aktivierung Heilungsprozesse anregen sollen, wie etwa Massagen, Reizstrom, Bewegungsreize oder Akupunktur. In Ermangelung technischer Möglichkeiten haben sich in vergangenen Zeiten die Heilkundigen auch viele Gedanken darüber gemacht, ob die Berücksichtigung der Persönlichkeit eines Menschen einen günstigen Einfluss auf Heilungsprozesse hat. Jeder erfahrene Praktiker, ob Krankenpfleger oder Hausärztin, weiß: Der eine braucht besonders die liebevolle Zuwendung, der andere verarbeitet die Dinge am besten mental allein und ist dann zufrieden, wenn er detaillierte Erklärungen bekommt. Der eine entspannt sich besser beim Sport, der andere bei der Lektüre eines Buchs. Wir Menschen sind unterschiedlich, und das ist gut so.

Mañana-Zonen und Bedürfnisse

Die Einteilung in verschiedene Persönlichkeitstypen entspricht dem Stand der psychologischen Forschung und ist wissenschaftlich gut abgesichert. Es wird davon ausgegangen, dass unsere Persönlichkeit teilweise angeboren, teilweise individuell erlernt und teilweise durch die jeweilige Lebenssituation beeinflusst wird. Es handelt sich im Prinzip um einen unentwirrbaren Mix verschiedener Ebenen der Persönlichkeitsentwicklung.

Wenn es darum geht, grundsätzliche Verhaltensänderungen zu erreichen, zum Beispiel bei Angststörungen, ist es in einer Psychotherapie oder in einem professionellen Coaching sehr wichtig zu wissen, wo in diesem Mix der passende Ansatz zu suchen ist. Ob man zum Beispiel traumatische Kindheitserlebnisse aufarbeiten oder durch Konditionierung Verhaltensänderungen antrainieren sollte. Doch hier müssen wir diesen Mix nicht entwirren. Für uns ist nicht entscheidend zu wissen, ob die Neigung, sich im stillen Kämmerlein zu entspannen, oder das Bedürfnis, den Stammtisch aufzusuchen, angeboren ist oder sich aus einer persönlichen Lebensgeschichte heraus entwickelt hat. Um Mañana-Kompetenz zu erlernen, müssen wir vor allem für uns persönlich herausfinden, welche Mañana-Maßnahmen gut funktionieren und welche eher kontraproduktiv sind.

Im Lauf Ihres beruflichen Werdegangs werden wohl viele von Ihnen entsprechende Persönlichkeitstests bereits erlebt haben. Nach einem solchen Test weiß man, welcher »Typ« man ist: extrovertierter Draufgänger oder eher introvertierte Einzelgängerin. Nun ist es natürlich nicht möglich, vier Milliarden Menschen in drei, vier oder auch 20 Typen einzuteilen, um sie dann in die entsprechenden Schubladen zu packen. Jeder Mensch ist einzigartig, hat eine ganz besondere Persönlichkeit und deshalb ganz eigene Möglichkeiten. Die alten Griechen bedienten sich deswegen eines Kniffs. Sie sprachen nicht von Typen, sondern von Temperamenten. Vier davon definierten sie: den Sanguiniker, den Phlegmatiker, den Choleriker und den Melancholiker. Der griechische Arzt ordnete nun den einzelnen Patienten nicht genau einem Temperament zu, sondern ging davon aus, dass jeder Mensch Anteile von allen vier Temperamente besitzt. Allerdings in seiner ganz eigenen Mischung. Jeder Mensch besteht danach aus seinem speziellen Persönlichkeitscocktail. So kann man Schwerpunkte setzen, vermeidet aber Schubladendenken. Wir finden die alten Griechen toll und machen es deshalb genauso.

Für unseren Mañana-Test sprechen wir deshalb von Mañana-Typen, deren Mix dann die persönliche Mañana-Zone bildet. Diese ergeben sich aus einer ganz individuellen Einschätzung, angefangen vom Körperbau bis hin zur Persönlichkeit. Aus allen Bedürfnissen zusammen ergibt sich die Zone, in der wir unser körperliches und psychisches Gleichgewicht finden. Die Frage, die uns interessiert, lautet: Befriedigen wir in unserer Lebensrealität in ausreichender Weise diese Bedürfnisse, oder besteht ein Defizit? Sind unsere Bedürfnisse gesättigt, oder verhungern wir diesbezüglich? Die alten Griechen kamen mit vier Temperamenten aus, für unsere Mañana-Thematik hat es sich jedoch als hilfreich erwiesen, insgesamt sieben Mañana-Typen zu untersuchen. Wir konzentrieren uns dabei auf Bedürfnisse, die unserer Erfahrung nach einen besonderen Bezug zur Mañana-Kompetenz, mit anderen Worten zur Entspannung, haben. Mit Aktivitäten, die dann in der ganz persönlichen Mañana-Zone liegen, lässt sich der Parasympathikus besonders gut aktivieren.

Die sieben Mañana-Typen:

- Wärme
- Sport
- Rückzug
- Aktivierbarkeit
- Geselligkeit

- Intellektuell-musische Betätigung
- Spiritualität

Wärme

Die eine friert ständig, der andere schwitzt viel schneller. Ob wir Kälte gut vertragen, hat viel mit dem angeborenen Merkmal zu tun, reichlich Fettpolster unter der Haut aufzubauen. Meist fühlen sich mollig veranlagte Menschen in eher kühleren Räumen und hagere Menschen eher in warmen Räumen wohl. Allerdings gibt es Ausnahmen: Hormone spielen bei der Temperaturregulierung ebenfalls eine große Rolle – Stichwort Menopause. Für alle gilt: Ist es zu kalt oder zu warm, fällt es jedem schwer zu entspannen. Wer also oft und viel miteinander zu tun hat, sollte bei solch grundlegenden Dingen wie Raumtemperatur oder Sportangebot um diese Unterschiede wissen. Hagere Chefs, die Büroräume überheizen, heizen den Sympathikus von Molligen an und fördern dadurch Unbehagen und unangenehmes Schwitzen. Gut nutzbar für Mañana-Kompetenz sind gezielte Temperaturreize, von kneippschen Anwendungen bis hin zu Bettsocken ☺.

Sport

Die geborenen Athleten brauchen auch im Urlaub eine sportliche Betätigung, sonst ist es kein Urlaub. Anderen reicht der Strandspaziergang völlig aus, um sich zu erholen. Zarte Sportmuffel nennt man in der Naturheilkunde Astheniker. Vom Triathlon begeisterte Geschäftsführer, die alle Mitarbeiter mit Fitnessprogrammen beglücken, lösen bei Sportmuffeln gehörigen Stress aus.

Wenn wir jedoch unter Druck geraten, tut sportliche Bewegung jedem gut. Das belegen eindrucksvoll Untersuchungen, wie unter Dauerstress stehende Testpersonen durch Sport ihre Herzfrequenzvariabilität verbessern können. Offensichtlich tut es einfach gut, unter Druck über den Körper Dampf abzulassen. Macht Sport Spaß und wird er nicht verbissen mit Leistungszielen betrieben, die eigentlich den Profis vorbehalten sein sollten, ist er eine Stressabbaumaßnahme erster Güte. Doch es muss nicht zwangsläufig Ausdauersport sein. Der hat zwar den Riesenvorteil, dass man ihn jederzeit überall und ohne zeitliche Vereinbarung alleine betreiben kann, Joggen oder Nordic Walking sind aber nicht unbedingt jedermanns Sache. Genauso gut kann Kraftsport, Mannschaftssport, Tischtennis oder Tanzen dabei helfen, die Parasympathikus-Sperre aufzuheben und, besonders bei der Erholung danach, einen Mañana-Zustand zu erzeugen.

Rückzug

Das Bedürfnis nach Rückzug ist besonders bei Menschen ausgeprägt, die intensiv wahrnehmen und sehr sensitiv sind. Sie erleben optische und akustische Reize oder Berührungsreize eindringlicher als andere und sind besonders empfindlich bei Lärm, Menschenansammlungen, Informationsflut oder Handyklingeln. Diese Menschen brauchen vor allem Ruhe. Sie meiden aufgeregte, gesellige Ansammlungen, wo Witze gerissen werden und heftig gelacht wird. Für sie ist das nicht lustig, sondern lediglich lautes Dröhnen, das ihr empfindsames Wahrnehmungssystem stresst. Sanfte Reize in gedämpfter Atmosphäre, leise, angenehme Klänge, wie Gongs und

Entspannungsmusik, helfen, ein zu hohes Erregungsniveau zurückzufahren und dadurch den Parasympathikus wieder ins Spiel zu bringen. Die mit der Sensitivität verbundene hohe Erregbarkeit intensiviert oftmals auch die kritische Selbstwahrnehmung; Gefahren und Zweifel sind solchen Menschen oft überdeutlich bewusst. Der Sympathikus bleibt dadurch oft viel zu lang aktiv.

Aktivierbarkeit

Aktivierbarkeit definiert unsere spontane Bereitschaft zum Handeln. Menschen mit hohen Aktivierbarkeitswerten berichten, dass die Aussicht auf Belohnung bei ihnen einen sofortigen Bewegungsdrang auslöst. Aus dem Tierreich ist dieses Phänomen auch bekannt. Tauben zum Beispiel fangen deshalb an herumzulaufen, wenn sich die Fütterungszeit nähert.[43] Sehr ausgeprägt motorisch Aktivierbare wirken dann manchmal zappelig. Eine Erhöhung der Aktivierbarkeit bedeutet, dass unser Verhalten impulsiver wird, wobei meist die Gründlichkeit nachlässt. Körperliche Unruhe und Sprunghaftigkeit stellen sich ein, und es kann zu Überspannung kommen, bis hin zu unstetem Aktionismus. Die Konzentration auf überschaubare Aktivitäten kann hier beruhigend wirken – vielleicht ein handwerkliches Hobby, Brettspiele, Gartenarbeit oder eben wie bei Rainer: Sandburgen bauen und Steinchen aufeinandersetzen.

Menschen mit hoher Aktivierbarkeit empfinden Ruhe und stilles Liegen eher als unangenehm. Passive Entspannungsmethoden wie autogenes Training funktionieren bei ihnen überhaupt nicht. Wenn Massagen, dann bitte nicht schweigend, sondern im Gespräch mit dem Masseur, und nicht im abgedämpften Ruheraum, sondern eher in Trainingsumgebung. Solche Menschen bekommen oft zu hören »Jetzt bleib doch mal sitzen« oder »Entspann dich doch mal«, was dann zusätzlich nervt und den Stresszustand weiter verstärkt.

Kleiner Zwischenstopp

Besonders die Kombination von Rückzugs- und Aktivierungsbedürfnis hat einen großen Einfluss auf Stressanfälligkeit. Aus der Persönlichkeitspsychologie kennen Sie alle das Begriffspaar extrovertiert und introvertiert. Niedrige Rückzugsneigung und hohe Aktivierbarkeit kann man als Extrovertiertheit bezeichnen. Und hohe Rückzugsneigung bei eher geringer ausgeprägter Aktivierbarkeit könnte man als introvertiert deuten. Klassischen Introvertierten ergeht es beispielsweise so wie mir: Folgende Situation ist mir mehrfach widerfahren. Abends im Club: laute Musik, die ich auf der Tanzfläche intensiv wahrnehme und als verkappter Musiker nach Stil, Komposition und Qualität analysiere. Die tanzenden Menschen um mich herum beurteile ich nach Bewegungsmustern, ob sie zur Musik auch grooven oder eher den Takt verfehlen. Lichtspiele vergleiche ich mit denen, die mir in einem anderen Club besonders positiv aufgefallen sind, und ich prüfe, ob sie die Gesamtwirkung unterstützen. Ich amüsiere mich dabei prächtig und genieße die Musik und meine wohldosierten Tanzbewegungen. Plötzlich spricht mich eine wildfremde Person an. »Du machst so ein ernstes Gesicht, geht's dir nicht gut? Tanz doch mal!« Tja, besonders Rückzugsbedürftige haben es manchmal nicht einfach. Keiner versteht uns (doch, meine Frau – nach sieben Jahren Ehe).

Die unterschiedlichen Erregbarkeiten kann man sogar

messen. In einem pfiffigen Versuch haben Teilnehmer eines Tests die Lautstärke eines Hintergrundgeräusches frei wählen können. Introvertierte wählten geringere Lautstärken als Extrovertierte, beide hatten bei ihrer Wohlfühllautstärke einen vergleichbaren Puls von circa 75 Schlägen pro Minute. Dann wählten die Extrovertierten die Lautstärke für die Introvertierten aus. Diese empfanden sie als zu laut. Im Gegenzug wählten die Introvertierten die Lautstärke für die Extrovertierten aus, die diesen wiederum zu leise war. Der Pulsschlag zeigte ebenfalls eine Reaktion. Während die zu hohe Lautstärke bei den Introvertierten die Herzfrequenz auf fast 85 Schläge erhöhte, verminderte sich der Puls bei den Extrovertierten angesichts der für sie zu niedrigen Lautstärke auf unter 70 Schläge. Bei den Introvertierten wurde also der Sympathikus aktiviert, und die Extrovertierten langweilten sich.[44]

Klassische Introvertierte bemerken durch ihre erhöhte Wahrnehmung früher als andere, wenn etwas schiefläuft. Sie machen sich deshalb auch früher Sorgen als andere. Wir sind jetzt beim Dünnhäuter aus Kapitel 2. Wenn es brennt, ist das keine schlechte Eigenschaft. Versetzt man diese Menschen jedoch in Angst, dann kann sich diese Eigenschaft leicht zum Alarmismus auswachsen, der nichts anderes bedeutet als permanenter Dauerstress. Selbstberuhigung ist dann erste Pflicht.

Der klassische Extrovertierte neigt dazu, sich zu viel aufzuhalsen. Er sieht die Gefahren der Überlastung zu spät. Die Fähigkeit zur Selbstreflexion bezüglich der Grenzen der eigenen Belastbarkeit wird hier notwendig, um auch mal Nein zu sagen, auch wenn das Angebot noch so verlockend klingt.

Kommen starke Erregbarkeit und hohe Aktivierbarkeit

zusammen, dann besteht besonders bei der Aussicht auf Belohnung die Gefahr von fahrigem Aktionismus und einer ungehemmten Wahrnehmung vielfältiger Reize. Wir springen auf jeden Zug auf, wechseln ständig die Richtung und zappen nur noch wild durch TV-Programme.

Gleichzeitig machen wir uns ständig Sorgen, dass etwas schiefläuft. Wir können nicht einmal im Urlaub abschalten. Unsere Leistungsfähigkeit wird stark beeinträchtigt – ganz so, wie wir es in Kapitel 3 hinsichtlich des Dopaminrauschs beschrieben haben. Es besteht erhöhte Erschöpfungsgefahr, und langfristig droht der Burn-out. Mañana-Kompetenz ist für diese Menschen überlebenswichtig, damit sie nach all den tollen Erfolgen und Abenteuern nicht ausgebrannt zurückbleiben, depressiv und krank werden.

Schwache Erregbarkeit und niedrige Aktivierbarkeit sind demgegenüber ein natürlicher Schutz vor Überlastung und Dauerangst. Der Parasympathikus dieser Menschen lässt sich nicht so leicht unterdrücken. Deshalb ist Mañana-Kompetenz bei ihnen meist schon bei der Geburt angelegt. In solchen Fällen tut manchmal ein Extraschuss Sympathikus im Alltag sogar gut. Doch auch hier nicht übertreiben. Versucht ein Chef mit starker Erregbarkeit und hoher Aktivierbarkeit, einem langsamen Mitarbeiter ständig Feuer unterm Hintern zu machen, setzt er ihn zu stark unter Druck; routinierte Zuverlässigkeit schlägt dann schnell in depressive Mutlosigkeit um. Umgekehrt sollten die Gemächlichen Verständnis dafür haben, wenn sich ihre hochaktiven Mitmenschen in überschaubarer Routine und spannungsfreier Tätigkeit nicht wohlfühlen.

Nun zu den weiteren Mañana-Typen.

Geselligkeit

Das Bedürfnis nach Geselligkeit nimmt in der Stress- und Gesundheitsforschung einen immer größeren Platz ein. Inwieweit wir uns in eine wertschätzende Gemeinschaft eingebettet fühlen, beeinflusst unseren Gesundheitszustand in vielfältiger Hinsicht. Das fängt mit zärtlicher Zuwendung in der frühen Kindheit an, wie ein Versuch auf der Frühchenstation des Universitätskrankenhauses Miami eindrucksvoll dokumentiert. Dort wurde eine Testgruppe von zu früh geborenen Babys nicht nur steril, warm und mit perfekter Nährsättigung im gläsernen Inkubator aufgepäppelt, sondern auch dreimal täglich aus dem Brutkasten herausgenommen und gestreichelt. Die Vergleichsgruppe hatte dagegen kaum Körperkontakt. Die Gestreichelten entwickelten sich 50 Prozent schneller, konnten eine Woche früher aus dem Krankenhaus entlassen werden und gediehen auch noch Monate später besser als die nicht gestreichelten Säuglinge.[45] Dies ist das Werk des durch Streicheln aktivierten Parasympathikus.

Berühmt geworden sind die Experimente des so renommierten wie umstrittenen amerikanischen Wissenschaftlers Harry Harlow aus den Fünfzigerjahren. Harlow trennte junge Affenbabys von ihren Müttern und bot ihnen stattdessen zwei Ersatzmütter an.[46] Die erste Ersatzmutter war ein Drahtgestell, bei dem anatomisch korrekt in Höhe der Brust eine Milchflasche installiert war und das somit Nahrung spendete. Die andere Ersatzmutter war eine Affenpuppe, die mit weichem Frotteestoff überzogen war. Das Äffchen wählte als Aufenthaltsort nicht die Drahtmama mit Milchversorgung, sondern die weiche, anschmiegsame Puppenmutter. Menschenaffen brauchen offensichtlich Berührung und Zärtlichkeit. Stehen die nicht zur Verfügung, suchen sie eine Umgebung, die wenigstens durch Wärme und Weichheit an körperliche Geborgenheit durch die Eltern erinnert.

Jede warmherzige Person hätte solche Ergebnisse voraussagen können, dazu hätte man nicht ein Affenbaby von der Mutter isolieren oder Vergleichsgruppen Streicheleinheiten verweigern müssen. Dafür wissen wir es nun wissenschaftlich schwarz auf weiß: Berührung und Zärtlichkeit sind elementare menschliche Bedürfnisse.

Noch ein berühmtes Experiment. Man ließ einen Hund um einen Käfig laufen, in dem ein Affe saß. Damit löste man bei dem Affen eine Stressreaktion aus. Zu diesem Affen setzte man einen anderen Affen, der aus einer anderen Kolonie stammte. Damit wurde die Stressreaktion verstärkt. Das Gegenteil war indes der Fall, wenn der zweite Affe aus der gleichen Kolonie stammte. Man kannte sich. Die Freunde machten sich gegenseitig Mut, gaben sich Zuversicht, und die Stressantwort schwächte sich ab. Geteiltes Leid ist also wirklich halbes Leid. Soziale Zuwendung mindert in vielfältiger Weise die Stressantwort.[47] Und schon sind wir im Kern der in Kapitel 3 beschriebenen Polyvagal-Theorie.

Die Genforschung ist heute in der Lage, einen erstaunlichen Einblick in das Zusammenwirken von Psyche und Körper zu geben. Unsere Gene liefern den Bauplan unseres Körpers. Für alles, was in unserem Körper vorgeht, werden zuvor Gene aktiviert, etwa um ein Enzym zu produzieren, Muskeln oder Fettentwicklung anzuregen oder Haarzellen wachsen zu lassen. So gibt es auch Gene, die für die Produktion von Stresshormonen zuständig sind. Den Genen vorgelagert sind Andockstellen für Moleküle, die wie ein An- und Ausschalter für die dahinterliegenden Gene funktionieren. Nun konnte man zeigen, dass sich bei Mäusebabys, die von ihrer Mutter besonders intensiv gepflegt wurden, eine kaugummiartige Substanz um den Anschalter des Stressgens legt.[48] Das Stressgen ist auf diese Weise wesentlich schwerer anzuschalten, was dazu beiträgt, eine Stressbelastung gelassener zu überstehen. Soziale Wärme bedingt also körperliche Veränderungen bis zur Genomebene. Wir finden das ziemlich faszinierend. Wenn man so will, könnte man von der Materialisierung von Urvertrauen sprechen. Die Bedeutung, in welcher Umgebung, unterstützend oder bedrohlich, die Kindheit erlebt wird, wird dadurch nochmals deutlicher. Sie definiert ganz entscheidend die Fähigkeit, sich durch soziale Unterstützung zu beruhigen.

Ein ganz besonders wichtiger Aspekt zwischenmenschlicher Beziehung ist die Wertschätzung. In einer Studie mit über 500 Teilnehmern am Mannheimer Institut für Public Health, in der wir beruflich stark belastete Menschen zu verschiedenen Stress- und Gesundheitsfaktoren sowie zu Arbeitsbedingungen befragen konnten. Es zeigte sich zu unserem Erstaunen, dass allein die Antwort auf folgende Frage eine treffende Voraussage auf den Gesundheitszustand bis hin zur Qualität des Schlafs ermöglichte. »Obwohl ich mein Bestes gebe, wird meine Arbeit nicht gewürdigt.« Der Faktor Wertschätzung durch andere ist bekanntermaßen ein hoher Gesundheitsfaktor. Wir können davon ausgehen, dass Wertschätzung in diesem Sinne auch auf den Parasympathikus einen starken positiven Einfluss besitzt.[49] So wie Kinder in besonderem Maße körperliche Streicheleinheiten benötigen, brauchen wir Erwachsenen Streicheleinheiten für unsere Seele.

All dies beeinflusst unser Bedürfnis nach Gemeinschaft und Geselligkeit. Der eine braucht mehr davon, der andere eben weniger. Alles eine Frage der Dosis. Es kann durchaus sein, dass nach Wochen weihnachtlicher Familienerlebnisse und Rundfahrten die Sehnsucht nach einer einsamen Insel groß sein kann ☺.

Intellektuell-musische Betätigung

In diesem Typbereich der intellektuell-musischen Betätigung fühlen sich vor allem Menschen wohl, die sich durch die Kraft der Gedanken erholen können. Dabei können die Beschäftigung mit Literatur oder Musik oder das Betrachten einer Landschaft oder eines architektonischen Bauwerks den Parasympathikus anregen. Übrigens: Ob eine Kantate von Johann Sebastian Bach oder ein Rockkonzert diese Wirkung entfalten kann, hängt nur von Ihren persönlichen Vorlieben ab. Menschen mit einem diesbezüglich hohen Bedürfnis können sich über Entspannungsmethoden wie Fantasiereisen oder Selbsthypnose ganz gezielt in einen Mañana-Zustand versetzen. Gelingt es beispielsweise durch ein Konzert, ein gutes Buch oder eine Theateraufführung, den Parasympathikus zu aktivieren, werden wir diesen Input sehr gut nutzen können, um unsere eigenen Lebensfragen zu reflektieren. Diese Impulse arbeiten im unbewussten Teil unseres Gehirns weiter. Als Ergebnis bekommen wir dann am nächsten Morgen unter der Dusche die Lösung eines schon lange vorliegenden Problems als Gedankenblitz präsentiert. Mañana macht's möglich.

Spiritualität

Nachdem wir in den letzten Jahren zahlreiche Mañana-Vorträge gehalten und Mañana-Workshops veranstaltet haben, wurde deutlich, dass es viele Menschen gibt, für die Spiritualität eine wichtige Quelle für Mañana darstellt. Die Konfession spielt hierbei keine Rolle. Das Gefühl, alle Sorgen in die Hände einer höheren Kraft legen zu können, wirkt auf viele Menschen unmittelbar beruhigend und erlösend. Ein wesentlicher Faktor für die Wirksamkeit der Spiritualität ist jedoch die regelmäßige Praxis, denn durch ritualisiertes Gebet, regelmäßige Andacht oder tägliches Meditieren mit Klangschalen werden neuronale Netze gebildet, die auch in Krisen zuverlässig aktivierbar sind. Wer über solche neuronalen Netze nicht verfügt, darf keine Wunder erwarten, wenn man in schweren Zeiten darauf zugreifen möchte.

Gibt es denn nun wirklich eine höhere Kraft, die Menschen zu Hilfe eilt, wenn sie darum beten oder bitten? Auf der Basis der Naturwissenschaft lässt sich diese Frage nicht beantworten. Klar sichtbar ist jedoch, dass Menschen, die – aus welchen Gründen auch immer – in einem festen Glauben an eine größere Kraft »da draußen« ruhen, aus diesem Glauben sehr viel Nützliches beziehen können. Ob es nun wirklich die heilige Kraft ist, die ihren Segen entfaltet, oder ob es das Selbstwirksamkeitserleben und der damit verbundene Selbstzugang ist, der sich gesunderhaltend auswirkt, können wir nicht wissen. Wer in sich jedoch noch Reste von spirituellen Bedürfnissen ungenutzt brachliegen hat, weil er mit dem, was die Amtskirchen anbieten, im Hader liegt, tut unter Umständen gut daran, diese Bedürfnisse wiederzubeleben, in einer Form, die der eigenen Persönlichkeit und den eigenen Werten optimal entspricht. Für Menschen, bei denen ein Bedürfnis nach Spiritualität besteht, kann ein Mangel daran nämlich zu Gefühlen der Heimatlosigkeit und des Getriebenseins führen, ohne dass man genau weiß, woher die ständig nagende Unruhe eigentlich kommt. Probieren Sie ruhig einmal aus, ob vielleicht das Bedürfnis nach Spiritualität bei Ihnen nicht gestillt ist; einen Versuch ist es allemal wert!

Wie hoch Ihr individueller Anteil in den sieben Mañana-Zonen ist, können Sie nun in dem nachfolgenden Test selbst einschätzen.

TEST – meine Mañana-Zone

Bewerten Sie folgende Aussagen im jeweiligen Mañana-Typ-Bereich nach dem vorgegebenen Punkteschema:

0 Punkte: trifft gar nicht zu
1 Punkt: trifft seltener zu
2 Punkte: trifft mittelmäßig zu
3 Punkte: trifft häufiger zu
4 Punkte: trifft genau zu

Wärme

- Im Urlaub bevorzuge ich warme Länder ___
- Ich friere schneller als andere ___
- Für mein Wohlergehen brauche ich regelmäßige, warme Mahlzeiten ___

Summe ___

Sport

- Sport war in der Schule eines meiner Lieblingsfächer ___
- Wenn ich mich nicht genug bewege, fühle ich mich unwohl ___
- Mich so richtig auszupowern ist für mich der beste Weg zum Abschalten ___

Summe ___

Rückzug

- Ich brauche regelmäßige Rückzugsmöglichkeiten in meinem Alltag ___
- Ich bin gerne allein ___
- Ich reagiere feinfühlig auf Stimmungen anderer Menschen ___

Summe ___

Aktivierbarkeit

- Stundenlanges Liegen im Liegestuhl ist nicht mein Ding ___
- Wenn mir etwas gefällt, will ich es sofort in die Tat umsetzen ___
- Am besten schalte ich ab, wenn ich einer einfachen Tätigkeit nachgehe ___

Summe ___

Geselligkeit

- Umringt von Freunden und Familie fühle ich mich richtig wohl ___
- Anderen zu helfen gibt mir Kraft und Energie ___
- Unternehmungen in einer Gruppe machen mir mehr Spaß als im Alleingang ___

Summe ___

Intellektuell-musische Betätigung

- Ich verfüge über eine ausgeprägte Vorstellungskraft ___
- Schönheit in Design, Architektur und Natur ist mir ein Lebensbedürfnis ___
- Im Theater, Konzert, Museum oder bei guter Lektüre kann ich meinen Akku laden ___

Summe ___

Spiritualität

- Es verschafft mir Ruhe, mich in ein größeres Ganzes eingebettet zu fühlen ___
- Ich glaube daran, dass jedes Leben einen Sinn hat ___
- An Kraftorten zu verweilen tut mir gut ___

Summe ___

Meine Mañana-Zone

In der folgenden Grafik können Sie sich einen Überblick über Ihre persönliche Mañana-Zone verschaffen. Kreuzen Sie im jeweiligen Mañana-Typbereich (Tortenstück) die Stelle an, die der Summe Ihrer Punktzahl (mindestens 0, maximal 12) entspricht. Dies tun Sie für alle sieben Mañana-Typen. Verbinden Sie nun diese Kreuze zu einem Spinnennetz, und es entsteht die Zone, in der Sie ganz besonders gut Ihren Parasympathikus nutzen können.

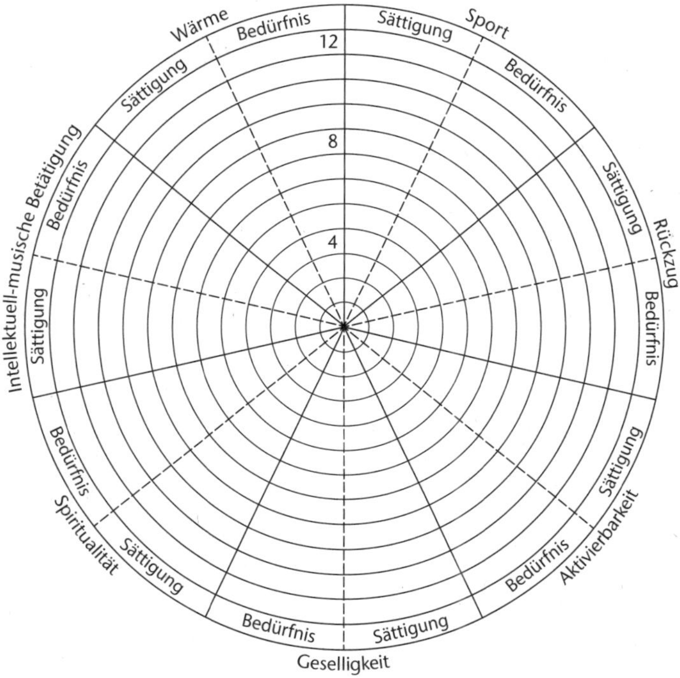

Mein Mañana-Kontostand

Doch die Kenntnis der persönlichen Mañana-Zone reicht noch nicht aus, um die eigene aktuelle Mañana-Lage ausreichend einzuschätzen. Denn diese Zone entspricht zwar Ihren ganz persönlichen Mañana-Bedürfnissen, aber es bestehen unterschiedliche Sättigungsgrade dieser Bedürfnisse, die zu einem Mangel genau dieser Bedürfnisse führen.

Wenn jemand beispielsweise mit einem hohen Geselligkeitswert einen Beruf hat, der viele Sozialkontakte mit sich bringt, einen großen Freundeskreis hat und vielleicht noch in einem oder zwei Vereinen aktiv ist, dann ist das Geselligkeitsbedürfnis gesättigt, und dem Menschen geht es gut. Wenn derselbe Mensch in eine neue Stadt gezogen ist, wo er in einem Büro für sich allein Akten durcharbeiten muss, noch niemanden kennt und als einzige Kontaktperson den Inhaber der Pizzeria hat, in der er allabendlich seine Spaghetti isst, dann geht es diesem Menschen schlecht, und Einsamkeit macht sich im Herzen breit. Eine Übersicht über Bedürfnis und Sättigung zeigt ganz schnell auf, wo die persönlichen Mañana-Baustellen und damit verbunden Planungs- und Handlungsbedarf sind.

Mañana-Sättigung

Deswegen setzen Sie nun zusätzlich ein Kreuz auf der Typenskala, von der Sie annehmen, dass in diesem Bereich eine Sättigung oder eine Unterversorgung besteht. Wenn Sie ein Mañana-Sportlertyp mit einer Punktzahl von 11 sind und Ihre Sportschuhe schon zwei Jahre lang in der Ecke herumliegen, finden Sie vielleicht, dass ein Kreuz mit der Punktzahl zwei Ihre Untersättigung gut anzeigt. Gehen Sie dreimal die Woche zum Sport und fühlen sich dabei ausreichend wohl, dann platzieren Sie Ihr Kreuz bei 10 oder 11, um eine gute Sättigung anzuzeigen. Bringen Sie nun auf jeder Mañana-Typenskala ein entsprechendes zweites Kreuz an. Gehen Sie dabei spontan und zügig vor, ohne viel nachzudenken. Es geht hierbei nicht um mathematische Exaktheit, sondern um ein Bauchgefühl hinsichtlich der Sättigung des Bedürfnisses. Wird es hinreichend befriedigt, oder kommt es gerade deutlich zu kurz?

Auswertung und Mañana-Maßnahmen

Je nachdem, wo Ihre Schwerpunkte in der Mañana-Zone liegen, werden Sie Ihren Parasympathikus besonders gut aktivieren können. Dabei ist die Punktzahl nicht als gut oder schlecht anzusehen, sondern sie verdeutlicht lediglich Ihre persönliche Ausprägung und zeigt, wie stark gezielte Mañana-Maßnahmen in diesem Typ-Bereich wirken. Besonders effektiv füllen Sie Ihr Mañana-Konto, wenn Sie Maßnahmen aus den Typenbereichen umsetzen, in denen eine Untersättigung vorliegt.

Für alle Mañana-Maßnahmen gilt: Sie müssen in einem sicheren Umfeld stattfinden, in dem man sich wohl und geborgen fühlt. Dies ist eine Kernaussage der Polyvagal-Theorie von Stephen Porges. Unter Stress und Druck wird der Akku nicht geladen – völlig unabhängig davon, welche Tätigkeit man ausführt.

Wärme

Haben Sie hier hohe Punktzahlen, dann wird alles, was Sie erwärmt, auch beruhigend wirken.

- Warme Fußbäder
- Entspannungsbad
- Kneipp-Medizin
- Wellness: Sauna, Whirlpool etc.
- Regelmäßige warme Mahlzeiten

Abendliche warme Fußbäder können Wunder bewirken. Bei niedrigeren Werten sollten das Wasser nicht zu warm und die Sauna nicht zu heiß sein.

Sport

Die Botschaft bei hoher Punktzahl ist klar: Sie brauchen sportliche Bewegung, sonst kommen Sie leicht unter Dauerstress. Sportmangel ist dann sogar Ursache von Stress.

- Joggen
- Kicken
- Walken
- Schwimmen

Dabei wählen Sie die Sportart, die richtig Spaß macht, und nicht die, die gerade als gesund gilt (das wechselt ohnehin ständig). Am besten betätigen Sie sich sportlich im Freien, um auch regelmäßig Tageslicht aufzunehmen; ein Mangel an Tageslicht löst nämlich auch Stress aus.

Wenn Sie keine Sportskanone sind, dann wäre es vielleicht hilfreich, den Garten umzugraben oder ab und zu eine Runde um den Block zu drehen. Menschen mit niedrigen Punktzahlen sollten sich nicht mit sportlicher Betätigung stressen, sondern am Strand oder auf dem Sofa liegen bleiben. Wenn Sie allerdings im Beruf oder in der Familie unter Druck geraten, sollten Sie bedenken, dass Sie durch Sport Dampf ablassen und so Ihren Parasympathikus wieder aktivieren können.

Rückzug

Hier profitieren Sie vor allem von Rückzugsmöglichkeiten mit viel Ruhe, sanften Berührungen, Entspannungsmusik und weichen Liegen und Decken. Die vielen Formen von sanften Massagen und Wellnessangeboten sind genau richtig.

- Wellnessoasen, Rückzugsmöglichkeiten in der Natur
- Sanfte Körperreize
- Entspannungsmusik
- Autogenes Training, Meditation

Aktivierbarkeit

Um sich zu entspannen, müssen Sie aktiv sein. Überschaubare, handwerkliche Tätigkeiten bringen Ihren Sympathikus wieder auf Normalmaß und lassen den Parasympathikus aus seinem Käfig; beispielsweise mit Gartenarbeit, Stricken oder den Oldtimer im Lauf der Zeit restaurieren. Gut funktionieren wird die Muskelrelaxation nach Jacobson.

- Muskelrelaxation nach Jacobson
- Qigong und Yoga
- Gartenarbeit
- Handwerkliche Hobbys: Backen, Kochen, Töpfern, das Motorrad aufrüsten

Geselligkeit

Hier geht es vor allem um Menschen, die es gut mit Ihnen meinen, die Ihnen helfen, sich zu entspannen. Ob Familienzeit, Freunde, Vereine oder einfach andere Leute, bei denen die »Vibes« stimmen – Sie sollten sich regelmäßig in solche Gesellschaft begeben.

- Hobbys mit anderen teilen: Spiele testen, Hundesport, Stadtmusik, Narrenzunft
- Mit Freunden wandern
- Grillabende, Gartenpartys
- Stressfreier Teamsport, »Alte Herren«-Fußball
- Familienaktivitäten aller Art

Intellektuell-musische Betätigung

Die Beschäftigung mit Kunst, Musik oder Literatur, Gespräche mit Tiefgang, besonders ästhetische architektonische Bauten oder die Schönheit der Natur genießen – all dies gefällt Ihnen und lässt den Stress abfallen. Wenn es nicht volle zwölf Punkte sind, dann müssen es nicht Goethes gesammelte Werke sein. Einen Harry-Potter-Roman oder einen Krimi auf dem Sofa lesen tut es auch. Gut funktionieren auch Entspannungsverfahren, mit denen Sie durch die Kraft der Gedanken den Parasympathikus aktivieren. Fantasiereisen sind wie für Sie gemacht.

- Literatur
- Musik
- Kulturelle Aktivitäten
- Philosophische Betrachtungen
- Fantasiereisen

Spiritualität

Wer viele Punkte bei Spiritualität hat, kann mit regelmäßiger Praxis eine große Mañana-Quelle anzapfen. Die Konfession spielt hierbei keine Rolle; wichtig ist, dass man sich die zu einem passenden Gebets- oder Andachtspraktiken aussucht. Auch in schweren Krisen kann der feste Glaube an ein sinnvoll geordnetes Universum gläubigen Menschen Ruhe und Gelassenheit geben und dadurch den Parasympathikus aktivieren.

- Achtsamkeitsübungen
- Exerzitien im Kloster
- Auf dem Jakobsweg pilgern
- Einen Hausaltar einrichten

Mañana-Synergien

Versuchen Sie in Ihrer Mañana-Zone Synergieeffekte hervorzurufen. Dabei kann es sich als sinnvoll erweisen, mehrere Fliegen mit einer Klappe zu schlagen, um Ihre Zone gut abzudecken.

Ausgeprägte Mañana-Bereiche	**Synergien**
Wärme, Geselligkeit	Saunagang mit Freunden oder andere Wellnessaktivitäten mit der Familie
Sport, Geselligkeit	Sport mit Freunden
Sport, Geselligkeit, intellektuell-musische Betätigung	Tanzen
Sport, Rückzug	einsamer Waldlauf, ästhetische Sportarten, Bogenschießen, Aikido
Sport, intellektuell-musische Betätigung	Qigong, Tai-Chi
Sport, Aktivierbarkeit	Sport in all seinen Facetten ist Ihre Domäne. Hauptsache, es macht Ihnen Spaß und setzt Sie nicht unter Leistungsdruck. Das wäre nämlich für Ihre Mañana-Kompetenz wieder kontraproduktiv.
Rückzug, Wärme	Milde Sauna mit anschließender sanfter Massage; die Krönung könnte Watsu sein, eine sanfte und einfühlsame Therapie, die in körperwarmem Wasser ausgeführt wird, der Patient schwebt frei und wird von einem ausgebildeten Therapeuten behandelt.

Ausgeprägte Mañana-Bereiche	Synergien
Rückzug, Geselligkeit, Spiritualität	die Gesellschaft von beruhigenden Mitmenschen in möglichst stressfreier Umgebung suchen; an Klosterexerzitien teilnehmen
Rückzug, Geselligkeit, intellektuell-musische Betätigung	das Weihnachtsoratorium von J. S. Bach mitsingen – oder in der örtlichen Blaskapelle mitspielen
Rückzug, intellektuell-musische Betätigung	Meditationen in schöner und inspirierender Umgebung
Geselligkeit, Sport	Mannschaftssportarten
Geselligkeit, Aktivierbarkeit	Bastelabend mit der Familie, ein Abend mit Freunden im vollen Irish Pub
Geselligkeit, Spiritualität	Ehrenamt im Pfarrgemeinderat
Geselligkeit, intellektuell-musische Betätigung, Spiritualität	Kirchenchor
Geselligkeit, intellektuell-musische Betätigung	Treffen in schicker Espressobar
Rückzug, intellektuell-musische Betätigung	Klangcollagen auf den Donaueschinger Musiktagen
Aktivierbarkeit, Geselligkeit	Oktoberfest
Sport, Spiritualität	Pilgerwanderung

Sie sehen, man kann mit seinen Anteilen in den verschiedenen Mañana-Zonen viele Ideen umsetzen. Sie können auch Ihre Zone und die Ihres Partners oder die Ihrer Familienmitglieder zusammenlegen, um zu erkennen, welche Mañana-Maßnahme für alle passen würde. Am besten, man schreibt sich einmal fünf Mañana-Maßnahmen auf, die in die eigene Zone passen und auf die man spontan mit einem guten Gefühl reagiert. Dann wird man sich auch darauf freuen und kann immer auf eine gewisse Auswahl zurückgreifen.

	Meine fünf Mañana-Maßnahmen
1	
2	
3	
4	
5	

6 Mañana-Rituale
Wie Rituale Mañana-Kompetenz befördern

Waren die Menschen früher gläubiger als heute? Tante Paula jedenfalls ging täglich in die Frühmesse, jahrzehntelang. Heute wäre sie 127 Jahre alt. Damals hatte sie zu Hause fünf Kinder, einen kleinen Bauernhof mit vier Kühen und einen kleinen Acker nebst Mann zu versorgen. Man kann sich heute kaum vorstellen, wie Tante Paula rund um die Uhr gefordert war. Ihr Mann war Schreiner und half mit auf dem Hof, der Haushalt war allerdings damals hundertprozentig Frauensache. Vielleicht war Tante Paula ja besonders fromm, aber in der Kirche fand sie vor allem eines, was sie zu Hause nicht hatte: endlich Ruhe. Endlich innehalten, Gedanken sammeln, sich erholen und auf den kommenden Tag einstellen. Sicher ist ihr auch die eine oder andere gute Idee in der Kirche gekommen. Zu Hause? Keine Chance. Aus unserer Sicht lässt sich sagen: Tante Paula hatte ihr tägliches Mañana-Ritual, das ihr half, bei all dem Stress nicht zusammenzubrechen. Der regelmäßige Gang zum Gottesdienst war für viele ein Mañana-Reservat erster Güte.

Das Leben war früher sicher kein Honigschlecken, aber es gab mehr regelmäßig gepflegte Mañana-Rituale als heute. Die Außenwelt bot viele Stimuli, die dazu beitrugen, dass die Menschen ihre Arbeitsanspannung herunterfahren konnten. Der vom Handy ungestörte Gang zum Mittagessen, der berechenbare Feierabend, die internet- und fernsehfreien Abende, die regelmäßig in einem Verein, an einem Stammtisch oder mit einem Hobby verbracht wurden – all dies rhythmisierte das Leben; der Parasympathikus hatte seinen festen Platz. In dieser Lebenssituation wurden zwar auch Arbeitsphilosophien geprägt, wie »Wer rastet, der rostet«. Niemand zog jedoch in Zweifel, dass die Nacht zum Schlafen und nicht zum Versenden von E-Mails, der Sonntag zum Ruhen und nicht zur Arbeitsvorbereitung und der Abend für die Familie da war. Auch feste, regelmäßige Vesper- und Mittagspausen stellte niemand in Abrede. »Ora et labora« bedeutete, genauer betrachtet: Arbeite, aber nimm dir auch regelmäßig Zeit zur Reflexion. Die über die Erziehung selbstverständlich mitgegebene Arbeitsdisziplin konnte auf diese Weise umgesetzt werden, ohne den Schaden anzurichten, den wir heute bei so vielen Menschen erleben. Denn während »labora« bedeutete, sich aktiv anzustrengen, konnte man sich bei »ora« darauf verlassen, dass man regelmäßige Mañana-Rituale geboten bekam und dass sogar ein gesellschaftlicher Druck bestand, diese auch in Anspruch zu nehmen. Regelmäßiges Herunterfahren wurde quasi von außen verordnet.

Wie wäre die Situation für Tante Paula, würde sie heute leben (oder auch Onkel Paul, wenn er eine Elternauszeit nehmen würde)? Oft räumlich abgeschnitten von elterlicher und geschwisterlicher Unterstützung ist die Kinderbetreuung ein ständiger Nervenkrieg. Transport- und Terminkoordination werden immer anspruchsvoller, wenn man den Kindern einen optimalen Lebensstart bieten möchte – nicht trotz, sondern weil es mit E-Mail, SMS, Skype und Smartphone immer schnellere Kommunikationswege gibt. Muss man aus finanziellen Gründen und/oder weil man sich eine kleine eigene Berufswelt erhalten möchte einen Teilzeitjob ausüben, bleibt für den Parasympathikus kaum noch Zeit übrig. Und den Kirchgang gibt es für die meisten schon lange nicht mehr.

Eine kleine Mañana-Kirchenkritik

Der Kirchgang würde vielleicht auch wenig nützen, denn der Parasympathikus hat es heute auch in der Kirche schwer. Zielte die Liturgie früher vor allem darauf ab, eine spirituelle Atmosphäre zu schaffen, in der der Gläubige zu sich selbst und damit zu seinem Gott fand, möchte sich die Kirche heute vor allem den Gläubigen als Institution vermitteln, als einen Global Player, der sich bei wichtigen gesellschaftspolitischen Fragen einmischt und den für alle »richtigen Weg« weist.

Doch den für sich persönlich »richtigen« Weg findet man, das zeigen wir auch in diesem Buch, immer nur individuell. Erst der Zugang zu meinen tieferen emotionalen Schichten des Unbewussten vermittelt mir wie ein innerer Kompass das sichere Gefühl, was für mich richtig und was falsch ist. Gläubige empfinden diese innere Kommunikation als Zwiesprache mit ihrem Gott. Daraus ergeben sich für verschiedene Menschen auch unterschiedliche richtige Handlungen. Manchmal ergibt sich dabei die Gewissheit, Teil eines größeren Ganzen zu sein. Der Begriff »heilig« zielt genau auf diesen Zustand, in dem Gott anwesend ist. Deshalb heißt der Gottesdienst ja auch Gottes- und nicht Weltendienst.

All dies ist das Ergebnis einer intensiven spirituellen

Besinnung, die eine Aktivierung des neuen Parasympathikus unterstützt. Sie kann nicht einfach von außen angeordnet werden. Ein aus einer solchen Selbstreflexion abgeleitetes Handeln entspricht dem Begriff der Authentizität, wie wir ihn in Kapitel 2 beschrieben haben. Gläubige würden gottgefällig dazu sagen, was ganz und gar nichts mit Kadavergehorsam zu tun hat, sondern vielmehr mit dem Gefühl, so zu handeln, um mit sich selbst und der Welt im Reinen zu sein.

Es steckt viel Menschheitswissen in den uralten, heute als altmodisch empfundenen religiösen Ritualen in West und Ost mit ihren meditativen Gesängen, Gebeten und Mantren, die genau diese Aktivierung ermöglichen. Ein moderner Gottesdienst möchte den Gläubigen jedoch eher eine Handlungsanleitung bieten, wie sie sich bei populären Gesellschaftsfragen der Institution Kirche gemäß verhalten sollen. Das geht bis hin zu konkreten Wahlempfehlungen in den Predigten, um danach einem Kinderchor zu lauschen, der abseits meditativer Melodien die Umweltsünden des modernen Menschen anprangert. Den Höhepunkt eines solchen Anti-Mañana-Gottesdienstes erlebte ich in der Familien-Christmette in der Heidelberger Jesuitenkirche, die wir besuchten, um uns mit den Kindern auf ein besinnliches Weihnachtsfest einzustimmen. Es begann mit der gender- und rassengerechten Krippe. Gesungen wurde kein einziges Weihnachtslied, sondern moderne Lieder, die das Leid der Welt in allen Schattierungen thematisierten (und dazu bewegte sich aus unerfindlichen Gründen die Pastoralreferentin in ekstatischer Weise den Mittelgang rauf und runter). Das gleiche Schema in den Wortbeiträgen, die vor allem die Situation der Flüchtlinge und unsere Schuld daran beschrieben. Als Höhepunkt wurde von der Empore ausgehend eine riesige schwarze Plane herabgelassen, die die Gläubigen dann über ihren Köpfen bis zum Altar hin fortbewegen mussten. So sollte man eindrucksvoll spüren, wie sich Leben im dunklen Teil der Erde anfühlt. Der einzige Lichtblick war der hervorragende Orgelspieler, der zum Auszug sein Können aufblitzen lassen durfte mit einer Variation von *Stille Nacht*. Wir waren geschockt, die Kinder kurz vor einem Heulkrampf, und wir brauchten eine ganze Weile, um uns wieder in eine besinnliche Weihnachtsatmosphäre zurückzubeamen.

Meine Mitautorin besuchte als C-Kirchenmusikerin im letzten Jahr einen Weltgebetstag der Frauen und berichtet über ähnlich irritierende Erlebnisse. In einer Art verordneter Schuldempathie wurden die Teilnehmenden aufgefordert, sich körperlich mit der schlimmen Situation (Kindersoldaten, Aids, Vergewaltigung) von Frauen aus Afrika zu identifizieren. Dies mag als Einschub eine sinnvolle Sache sein, wobei daran erinnert sei, dass Besuchende des Weltgebetstages der Frauen normalerweise ein ausgeprägtes Sensorium für die Missstände in Afrika haben. Offenbar hielt man diese pädagogische Maßnahme trotzdem für notwendig. Leider wurde jedoch versäumt, die Teilnehmenden wieder aus ihrer extrem negativen Körperhaltung herauszuführen und dadurch für eine frohe christliche Botschaft zu öffnen. Ob dieser pädagogische Aufbau einfach nur ein Versäumnis war oder Absicht, bleibt ungeklärt. Eines aber ist gewiss: Der Parasympathikus wurde bei dieser Andacht nicht aktiviert.

Um Missverständnissen vorzubeugen: Natürlich sollten Christen mit dem Leid in der Welt konfrontiert werden. Doch bei den Gläubigen auf Angst- und Schuldgefühle, auf Schrecken und Stress zu setzen, zielt nicht auf authentisches Handeln. Hier besteht eher die Gefahr einer Selbstinfiltration, in der man sich der Meinung einer Masse beugt, um später frustriert festzustellen, dass der eigene Weg ein anderer gewesen wäre. Zu diesem Zweck operieren Obrigkeitssysteme schon immer mit dem Instrument des schlechten Gewissens, einem echten Mañana-Killer, um Menschen gefügig zu machen. Wir glauben demgegenüber, dass beide Seiten mehr davon haben, wenn Spendende aus vollem Herzen handeln und Empfangende nicht das Gefühl haben müssen, dass die erlebte Solidarität lediglich auf Druck und schlechtem Gewissen beruht. Nicht umsonst lautet einer der klügsten Sätze des Christentums: Liebe deinen Nächsten wie dich selbst. Wer mit sich im Reinen ist, wird das Geben als Bereicherung empfinden, unter Konformitätsdruck jedoch oftmals nur als lästige Pflicht.

Allerdings kann die Kirche auch heute Mañana-Kompetenz vermitteln. Wer es in aller Tiefe ausloten möchte, für den bieten sich beispielsweise Klosterexerzitien an – insbesondere, wenn sich im Mañana-Test unerfüllte spirituelle Bedürfnisse zeigen. Oder Sie nutzen die herrlichen Sakralbauten für ganz persönliche Mañana-Momente. Wenn ich in eine Stadt oder auch nur in ein kleines Bergdorf komme, suche ich das Gotteshaus, das meist mit offener Tür zu einem Besuch einlädt. Es ist egal, ob es eine beeindruckende Kathedrale oder eine kleine Kapelle ist, sofort verbreitet die stille Atmosphäre ihre heilige Wirkung und lässt mich ein wenig zur Besinnung kommen. Als Abschlussritual dieser Mañana-Juwele zünde ich eine kleine Kerze vor einem Altar an. Auch bei einem Kirchenkonzert spürt man die Kraft des Göttlichen oder, modern ausgedrückt, erfreut sich am

Zugang zu den tiefen Weiten des eigenen Unbewussten und der Verbindung zum großen Ganzen.

Kein Arbeitstag gleicht heute dem anderen

Auch im profanen Alltag lauern Mañana-Killer. Wie sieht es heute zum Beispiel in Unternehmen aus? Führungskräfte, also Mitarbeiter mit Personalverantwortung inklusive hoch qualifizierter Fachkräfte, gibt es allein in Deutschland in der Privatwirtschaft knapp fünf Millionen.[50] Sie müssen heute vielfach einem neuen Aufgabentyp entsprechen. Gearbeitet wird meist online in verschiedenen Projektgruppen, deren Mitglieder man persönlich kaum noch zu Gesicht bekommt und deren Zuständigkeiten und Berichtslinien ständig auch zwischen verschiedenen Unternehmen wechseln. Dabei ist es selbst in kleineren Betrieben normal, global zu arbeiten. Das hat Reisen in verschiedene Zeitzonen und Telefonkonferenzen mit Unternehmen in Japan, China, Indien, den USA am Abend oder sehr früh am Morgen zur Folge. Kein Tag gleicht dabei dem anderen. Und das ist problematisch, denn Regelmäßigkeit und Berechenbarkeit helfen bei hoher Belastung, den Sympathikus-Level zu dämpfen, während unkontrollierbarer Wechsel und Unberechenbarkeit den Stresslevel noch erhöhen.[51]

In dieser komplizierten und sich ständig ändernden Umgebung arbeitet man aber weiter mit traditionellen Kompetenzmustern. Wie früher ist es vor allem die Fähigkeit, möglichst effektiv und diszipliniert zu arbeiten – labora –, die während der Ausbildung und auf Seminaren trainiert wird. Es geht also darum, wie man am besten den Sympathikus aktiviert und Leistungsstimuli setzt. Das gleichzeitige Wegfallen von verordneten äußeren Ruheritualen – ora – wurde jedoch nicht mit einer eigenen Fähigkeit kompensiert, diese Ruhephasen selbst zu aktivieren. Dies führt dazu, dass Zeitinseln für Ruhe und Muße, die sich möglicherweise ergeben würden, nicht genutzt werden, weil man es nicht gelernt hat. Oder wie es ein Seminarteilnehmer einmal treffend formulierte: »Wir könnten schon öfter entspannen und uns auch die Zeit dafür nehmen, aber mal ehrlich – für uns ist doch nichts einfacher, als zu arbeiten.« Was also heute fehlt, ist Mañana-Kompetenz. Als Folge sehen wir die vielfältigen Erschöpfungs- und Demotivationsprobleme sowie die Beschädigung sozialer Netze.

Um dies zu ändern, reichen Rituale alleine nicht aus. Aber in Verbindung mit regelmäßigem Parasympathikus-Training entsteht Mañana-Kompetenz, und damit ergibt sich die Chance für ein beruflich erfülltes *und* privat zufriedenes Leben. Der heute übliche Umgang mit dem an sich gut gemeinten Begriff »Work-Life-Balance« stellt ein großes Missverständnis dar. Seit der Begriff in den späten Siebzigerjahren Einzug hielt in unseren Sprachgebrauch und die Vereinbarkeit von Arbeit und Privatleben als wichtige Voraussetzung für ein zufriedenes Leben und dauerhafte Leistungsfähigkeit einfordert, wird in zahlreichen Büchern und Seminaren betont, wie wichtig es sei, neben den beruflichen auch regelmäßige private Aktivitäten einzuplanen. Doch wie sieht das unter den Bedingungen erhöhter Effektivität und perfektionierten Selbstmanagements aus? »Life-Balance-Aktivitäten«, angefangen bei Massagen über Sport, Entspannungstechniken bis hin zu sozialen Aktivitäten, werden genauso wie berufliche Ziele zeitoptimiert im Terminkalender eingeplant. Die Umsetzung erfolgt dann unter Sympathikus-Anspannung. So wird aus »ora« dann heute Wellnessstress.

Der Anstieg psychosozialer Beschwerden bei beruflich und familiär geforderten Menschen fällt auf. Wenn große Beratungsunternehmen neue Mitarbeiter gewinnen möchten, liegt es deshalb durchaus im Trend, nicht nur mit dem Versprechen einer steilen Karriere, sondern auch einer perfekten Work-Life-Balance zu punkten. In einer entsprechenden Werbekampagne der schweizerischen Treuhandkammer soll dann auch Stefan K., der Senior Manager eines großen Wirtschaftsprüfungsunternehmens, besonders »sexy« rüberkommen. Und zwar sowohl durch die Aufzählung beeindruckender beruflicher Erfolge als auch mit Aussagen wie: »In seiner Freizeit bringt er Freunde und Familie, Golf und Jazz-Combo unter einen Hut.«[52] Uns fiel die spezielle Ausstrahlung des Vorzeigemitarbeiters auf. Neben einer gewissen beruflichen Souveränität wirkt er mit Anfang 40 erschöpft und leicht frustriert. So sehen es auch unsere Seminarteilnehmer, wenn wir ihnen die Anzeige zeigen. Es ist zwar schön, wenn Unternehmen erkennen, dass langfristig ein funktionierendes Privatleben notwendig ist für gesunde und motivierte Mitarbeiter. Ein Privatleben aber, das Entspannung, Kräftesammeln und die Sicherung sozialer Netze ermöglicht, braucht ein anderes Kompetenzmuster als Effektivität auf Teufel komm raus. Eine so verstandene Work-Life-Balance verschlimmert das Problem des daueraktivierten Sympathikus noch. Heraus kommt dabei lediglich, dass man mit privaten Vorzeigeaktivitäten punktet, mit denen es sich zwar angeben, aber nicht unbedingt erholen lässt. Es ist nicht entscheidend, ob ich es schaffe, täglich eine Stunde »Ich-Zeit« (so heißt das in der Managersprache) in meinen vollen Terminkalender hineinzuquetschen. Viel wichtiger ist es, dass ich die Fähigkeit besitze, meinen

Parasympathikus gezielt zu aktivieren, und zwar wann immer ich die Möglichkeit dazu habe. Sie schaffen das persönlich am besten mit Maßnahmen Ihrer ganz persönlichen Mañana-Zone. Dann kann es eben sein, dass Steinpyramiden schichten oder auf dem Sofa liegen viel besser für Sie passt als Golfspielen.

Die Meister der Mañana-Rituale

Wer glaubt, Mañana sei doch nur etwas für Weicheier, ein »nice to have«, und das Leben sei nun mal härter und schneller, der sollte sich eine Gruppe von Menschen vorstellen, bei denen es wie bei keinen anderen ausschließlich um Leistung geht: die olympischen Spitzensportler. Ich habe die große Freude, mit dem Olympiastützpunkt in Heidelberg in Form von Studien und Seminaren zusammenzuarbeiten. Dort werden talentierte junge Menschen, die eine Teilnahme an den Olympischen Spielen anstreben, zu Meistern der Pausen ausgebildet. Gemeinhin kann man sich den Aufwand gar nicht vorstellen, der notwendig ist, in der nächsten Saison sich um nur eine Sekunde, einen Zentimeter oder ein paar Gramm zu verbessern. Ein ganzer Trainerstab beschäftigt sich nur damit, wie dieser Leistungszuwachs für die nächsten Meisterschaften oder Olympischen Spiele aufgebaut werden kann. Elementare Bestandteile solcher exakt strukturierten und immer wieder angepassten Trainingspläne sind ausreichende, gut getimte Erholungspausen. Sie nehmen in dieser Planung genauso viel Platz ein wie die Belastungsphasen. Spitzensportler werden so zu Meistern des Selbstmanagements. Das Credo des Heidelberger Stützpunktleiters Daniel Strigel lautet: Leistung = Belastung × Regeneration. Seiner Meinung nach verwechseln viele Leistungsträger in der Gesellschaft Belastung mit Leistung. Es kommt jedoch nicht auf den vollen Terminkalender an, sondern auf das Ergebnis. Und gute, langjährige Ergebnisse ohne Burn-out und Frustration gedeihen nur bei denen, die sich stets ausreichend regenerieren.

Profis können Pause, nur Amateure arbeiten durch

Seit einiger Zeit bieten wir im Olympiastützpunkt »Powern & Pausieren«-Seminare an. Es ist ein eindrückliches Erlebnis, einem Medaillengewinner beim olympischen Boxturnier am Ring beim Sparring zuzusehen. Es ist ein Fest an Eleganz und Kraft, um anschließend von diesem Modellathleten zu erfahren, dass er gleichzeitig Experte für Selbsthypnose, autogenes Training oder – halten Sie sich fest – des Spazierengehens ohne Smartphone ist. Alles ist genau ritualisiert und gut zwischen den Belastungsphasen eingeplant. Das hat was. Von wegen Weichei. Nach diesem Erlebnis versteht jeder: Profis können Pause, nur Amateure arbeiten durch. Zwischen Wettkampfpausen, beispielsweise während eines Fecht- oder auch Fußballturniers, setzen moderne Spitzensportler auf diese lange erlernten Entspannungsrituale. Nicht selten wird das Endspiel nach einem kraftraubenden Turnier nur noch dadurch entschieden, wer aufgrund solcher Rituale besser und gezielter regenerieren kann. In einem Buch *Powern & Pausieren*, das ich mit Daniel Strigel und dem Handballer Henning Fritz geschrieben habe, werden diesbezügliche Strategien eingehend beschrieben – das kuriert auch die härteste Mañana-Nuss unter den Pausenmuffeln. Versprochen.

Drei feste Rituale

Auf dem Weg zur Mañana-Kompetenz sind feste Rituale besonders dann hilfreich, wenn wir von einem Lebensbereich in einen anderen wechseln. Mithilfe der Rituale können wir uns viel besser auf die neue Situation einstellen und adäquat reagieren. Wir möchten Ihnen nun drei Mañana-Rituale vorstellen, mit denen Sie Ihre Mañana-Kompetenz regelmäßig trainieren können: mittags vor dem Essen, nach Feierabend und im Urlaub. Wenn dies gelingt, ist das schon die halbe Miete, um vom Hochgeschwindigkeitszug nicht überrollt zu werden.

Mittagsritual

Auch bei Tisch wurde früher zunächst gebetet, bevor man reinhaute. Die medizinische Begründung haben wir ja erläutert: Mit aktiviertem Parasympathikus verdaut sich's besser. Und heute? Der Caterer eines großen börsennotierten Unternehmens schildert mir seine Verzweiflung, als sich in dem schönen, neu eröffneten Betriebsrestaurant, das mit Marmortheken, Espressobar und Ethnofood voll im Trend lag, kein Mitarbeiter blicken ließ: »Sie waren einfach nicht von ihren Bildschirmen wegzubekommen.« Schließlich wurden Sandwichwagen entwickelt: »Wir haben die entsprechenden Lunchpakete direkt in der Sichtachse zwischen Augen und Computerbildschirm platziert. So konnten sich die Mitarbeiter ein Paket greifen, ohne die Augen vom Bildschirm nehmen zu müssen«, erzählt der Mann und kann es fast selbst nicht glauben. So gelang es, auch diese Berufsgruppe mit genügend Kalorien zu versorgen und vor dem Hungerkollaps zu retten. Sodbrennen und Völlegefühl inbegriffen.

Es fällt heute schwer, ruhig zu essen. Kein Wunder: Unter Sympathikus-Dauerfeuer hat man Probleme damit, sich an den Tisch zu setzen, das Essen wahrzunehmen, die Bissen gründlich durchzukauen, um anschließend gut zu verdauen. Zu schnell lässt man sich ablenken, greift gerne während des Essens zum Handy und nimmt am besten das Sandwich gleich am Arbeitsplatz ein, dann braucht man ihn nicht zu verlassen. Erfahrungsgemäß geht das nicht lange gut. Deshalb: Wer beruflich engagiert arbeitet und trotzdem nicht von Verdauungsbeschwerden gestört werden will, sollte vor der mittäglichen Mahlzeit Mañana-Kompetenz walten lassen. Kurz die Bürotür schließen, die Fenster aufmachen, sich strecken, vielleicht die Schlagzeilen der Lieblingszeitung durchblättern oder sich den letzten Urlaub noch mal gedanklich vergegenwärtigen. All dies lädt dazu ein, den Parasympathikus im Sinne eines modernen Tischgebets zu aktivieren, um danach besser verdauen zu können. So ist man nachmittags leistungsfähiger und wird nicht so sehr von Müdigkeit geplagt wie nach einem schnell heruntergeschlungenen Mahl. Bitte also auf dem Weg in das Betriebsrestaurant keine Telefonate, keine beruflichen Gespräche mehr führen. Ganz besonders toll ist die Unsitte, Teammeetings im Restaurant abzuhalten. So hat der Parasympathikus keine Chance. Wenn Gespräche geführt werden, sollte man keine Probleme wälzen, sondern angenehme Dinge zur Sprache bringen. Vielleicht könnte man ja die ehemaligen Raucherzonen in den Betriebsrestaurants in Mañana-Reservate umwandeln. Wer dort sitzt, möchte nur begrüßt werden, aber ansonsten in Ruhe essen dürfen.

Das gilt übrigens auch für zu Hause. Schulprobleme sollten besser nicht am Essenstisch besprochen werden.

Sicher ist es auch schwierig, für zwei kleine Kinder zu sorgen und dabei selbst in Ruhe zu essen. Besonders wenn Sie unter Verdauungsbeschwerden leiden, sollten Sie probieren, zeitlich getrennt von Ihren Kindern zu essen, etwa wenn diese Mittagsschlaf halten. Und vorher bitte ein kurzes Mañana-Ritual. Suchen Sie sich dazu ein passendes aus Ihrer Mañana-Zone aus.

Feierabendritual

»Wer von Ihnen fährt abends nach der Arbeit mit dem Gefühl nach Hause, er hätte alles erledigt, jeden zurückgerufen, jede E-Mail beantwortet?«

Wenn ich diese Frage in meinen Seminaren stelle, meldet sich selten jemand. Dann frage ich: »Liegt das daran, dass Sie zu faul oder unfähig sind, um alles erledigen zu können?« Selbstverständlich verwahren sich die Seminarteilnehmer gegen solch eine Unterstellung. Tatsächlich ist das Gegenteil der Fall. Dennoch gehen viele mit dem Gefühl nach Hause, man hätte noch mehr machen müssen. Es ist heute aber aufgrund der Komplexität der Anforderungen einfach nicht mehr möglich, alles zu erledigen, was den Tag über anfällt. Falls es Ihnen auch so geht, möchten wir Sie beruhigen. Mit dem Gefühl, nicht alles erledigt zu haben, das Büro zu verlassen, ist heute der Normalfall. Es ist also nicht Ihre Schuld, sondern liegt in der Natur der Sache. Deshalb dürfen – ja, müssen – Sie sich ein Mañana-Ritual am Feierabend gönnen. Nur so können Sie umschalten, sich der Muße hingeben und für die Belange Ihrer Familie und der Freunde öffnen. Andernfalls wird es Ihnen sehr schwerfallen, sich für anderes und andere zu interessieren – und das merken die sofort.

In meine Praxis kommen regelmäßig ehemalige Führungskräfte, um einen Check-up machen zu lassen. Auf meine Frage, ob es etwas gibt, was sie heute anders machen würden, werden meist nicht viele Dinge genannt. Eines sagt aber fast jeder, der Kinder hat: »Ich bereue, dass ich das Heranwachsen meiner Kinder verpasst habe. Ich war kaum zu Hause.« Und zwar auch dann, wenn sie körperlich anwesend waren. Wir plädieren deshalb dringend dafür, bei jungen Müttern und Vätern einen Mama- oder Papa-Feierabend einzuführen. An diesem Tag soll die/der arbeitende Mama/Papa früher, etwa um 16 Uhr, zu Hause sein, um den oder die Kleinen vom Partner zu übernehmen, der dann auch einen frühen freien Abend pro Woche ohne Kinder zur Verfügung hat. Dies ist eine Maßnahme von vielen möglichen, um zu verhindern, dass die Mütter und Väter später das schmerzhafte Gefühl haben, Wichtiges versäumt zu haben. Und vorher bitte wieder 15 Minuten ein Feierabend-Mañana-Ritual aus Ihrer Zone praktizieren, damit das Umschalten und die Vorfreude so richtig klappen.

Bei älteren Kindern entscheidet nicht die Anzahl der von Ihnen organisierten Aktivitäten darüber, ob Sie Ihren Elternpflichten nachkommen. Am Wochenende sechs Termine unterzubringen, an denen die Kinder zu Sommerfesten, Fechtturnieren, Fußballturnieren, Musikproben gefahren werden müssen, ist heute eine oft beobachtete organisatorische Meisterleistung gut strukturierter Eltern. Sie setzen dazu die gleichen Fähigkeiten ein, wie sie auch im Beruf gefordert werden. So wird der Sympathikus-Druck auch ins Wochenende transportiert. Eltern haben heute ein schlechtes Gewissen, wenn der Start ihrer Kinder ins Leben nicht optimal gefördert wird. Um nichts zu verpassen, lernen Kinder heutzutage

Judo, Karate, Kickboxen, Ballett, Theater oder Fechten, Tennis, Reiten und mindestens zwei Instrumente. Wir glauben auch, dass es für Kinder wichtig ist, ihren Talenten gemäß gefördert zu werden. Geschieht dies jedoch von Anfang an auf Kosten von Mañana-Kompetenz, werden Kinder kaum die Chance haben, sich später an behagliche Momente in der Kindheit zu erinnern. Wie meine Mitautorin Maja Storch in ihrem Kirschbaum. Und das wäre doch schade, oder? Mehr Mañana-Kompetenz ohne Leistungs- oder Effektivitätsdruck und regelmäßig Zeit zum gemeinsamen Herumhängen und Austausch würden vielen Familien guttun.

Kurz und gut: Wir sehen Mañana-Kompetenz nach Feierabend (und am Wochenende) als die zentrale Fähigkeit an, Beruf und Privatleben erfolgreich zu verbinden. Erst wenn man abends abschalten kann, ist es möglich, ernst zu nehmen, was die Familie oder die Freunde umtreibt, und Interesse an der Lebenswirklichkeit der anderen aufzubringen, um dafür auch Unterstützung und Anteilnahme zurückzubekommen. Wichtig ist es also, Ihren Parasympathikus zu aktivieren, bevor Sie sich nach der Arbeit der Familie zuwenden. Lieber kommen Sie 15 Minuten später nach Hause, dafür aber innerlich präsent. Ein paar Beispiele für erfolgreiches Gelingen:

- Nach Feierabend halte ich immer an meiner Lieblingsespressobar an. Wenn ich den Espresso am Gaumen spüre, stellt sich bei mir das Mañana-Kompetenzgefühl ein.
- Ab einem bestimmten Ortsschild schalte ich das Autotelefon ab. Ich schiebe eine CD mit entspannender Musik ein und beginne mich auf meine Familie zu freuen.

- Oder ganz professionell: Abends ordne ich meinen Schreibtisch. Ich notiere mir dann die drei wichtigsten Dinge für den nächsten Tag, damit ich zu Hause nicht daran denken muss. Dann trinke ich ein Glas Wasser und drücke genüsslich auf den Ausschaltknopf des Computers. Dabei denke ich laut: Ich habe alles gegeben, morgen geht's weiter. Mañana!

Urlaubsritual

Ich arbeitete einmal in einer Naturheilkundeklinik, in der die klassischen Methoden des Parasympathikus-Trainings wie Kneippgüsse, Massagen, Bäder und viele Bewegungs- und Entspannungsmethoden angewandt wurden. Zu uns kamen viele dauergestresste, erschöpfte Patienten. Anfangs konnten sie sich nicht vorstellen, es vier Wochen an diesem Ort auszuhalten. Im Allgäu, umrahmt von hohen Bergen, damals noch ohne Handy und Internetmöglichkeiten, fürchteten sie, in den vier Wochen vor Langeweile zu sterben. Bei diesen Patienten wusste ich, dass ich sie die ersten zwei Wochen mit Sport, Massagen und kneippschen Anwendungen körperlich gut beschäftigen musste. Bei fast allen hatte ich erlebt, dass sich dann in der dritten Woche etwas veränderte. Plötzlich äußerten viele den Wunsch, zwei Wochen zu verlängern. Wer seinen Sympathikus jahrelang auf Hochtouren gehalten hat, braucht mindestens zwei Wochen, um richtig abschalten zu können. Erst dann denkt er beim Blick auf die Berge und Seen nicht mehr an seine Mailbox. Erst dann hat der Parasympathikus die Chance, durchzukommen und seine ausgleichende Wirkung zu entfalten. Erst dann haben Sie vollen Selbstzugang und können die Dinge so reflektieren, dass Sie im Mittelpunkt stehen.

Deshalb ist es insbesondere für solche Menschen eine Unsitte, nur eine Woche in Urlaub zu fahren oder ihn am Jahresende verfallen zu lassen, wie es in vielen modernen Unternehmen heute üblich ist. So wird es nicht gelingen, den Urlaub für den erholsamen Ausgleich und das Auftanken körperlicher und mentaler Ressourcen zu nutzen. Deshalb fahren Sie einmal im Jahr zwei oder besser drei Wochen weg. Lassen Sie sich das nicht nehmen. Und machen Sie keinen Segel-, Tauch-, Jagd-, Flug- oder Angelschein. In Ihrem Urlaub zählt nicht die effektive Nutzung von Zeiteinheiten, sondern trainieren Sie Mañana-Kompetenz anhand der Maßnahmen aus Ihrer Zone.

Sie kennen nun die richtigen Mañana-Maßnahmen aus Ihrem Test und wissen nun, dass Sie diese Maßnahmen am besten regelmäßig in gezielt eingeplanten Mañana-Ritualen trainieren können. Neben den drei Vorschlägen gibt es natürlich noch weitere immer wiederkehrende Umsteigesituationen, bei denen sich Mañana-Rituale anbieten. Dabei Regelmäßigkeit in den Alltag einzuführen hört sich einfach an, hat aber seine Tücken. Das liegt daran, dass die alltäglichen Anforderungen sich gerne Zugriff auf Ihre Gewohnheiten verschaffen. Wie Sie sich dagegen erfolgreich wehren können, erfahren Sie im nächsten Kapitel.

7 Priming
Wie man Mañana-Kompetenz in sein Leben bringt

Aus welchem Grund auch immer Sie sich nun entschlossen haben, Mañana-Kompetenz in Ihr Leben zu bringen, sei es ein psychologischer oder ein medizinischer: Jetzt geht es an die Umsetzung. Hier drohen einige Gefahren. Die Hauptgefahr besteht darin, dass unsere Kultur die Mañana-Kompetenz nicht unterstützt, sondern behindert. Das ist nicht in allen Kulturen so. Kürzlich fiel uns ein bezauberndes Buch in die Hände, das von »Inemuri« handelt, der Fähigkeit der Japanerinnen und Japaner, in einen kurzen Schlaf zu verfallen, egal, wo sie sich gerade befinden.[53] Was uns an der Idee des Inemuri so gut gefällt, ist die Tatsache, dass man in Japan dieses kleine Nickerchen auch in einer Sitzung machen darf. Niemand schaut einen dort scheel an, wenn man kurz den Kopf vornübersinken lässt und ein wenig wegschlummert.

In der westlichen Welt hat es sich inzwischen zwar auch herumgesprochen, dass ein Mittagsschlaf guttut. Denn es gibt Studien, die klar zeigen, dass die Leistungsfähigkeit ansteigt, wenn man im Mittagstief eine kleine Ruhepause macht.[54] Aber hat das irgendwelche Konsequenzen für den Arbeitsalltag in der westlichen Welt? Wir waren bisher in nur wenigen Unternehmen, die für einen Mittagsschlaf Räume zur Verfügung stellten. Amüsant dabei ist die Tatsache, dass man die Ruhepause über Mittag nicht »Mittagsschlaf« nennt, sondern dass sie unter der Bezeichnung »Powernap« in die Welt der Wirtschaft Einzug hält. Die Wortwahl zeigt, dass der Vorgang der Ruhe mit Aktivitätsmetaphern getarnt werden muss, um akzeptabel zu sein. Aber auch das Tarnwort »Power«, das die Ruhepause an unser Aktivitäts- und Leistungsideal anpasst, hat bisher noch nicht dazu geführt, dass der Mittagsschlaf zur Normalität wurde. Im Gegenteil. Wann immer wir Seminare geben und eine Mittagspause von eineinhalb Stunden ansetzen, erheben sich kritische Stimmen im Kreis der Teilnehmenden, die einfordern, die Mittagspause auf 30 Minuten zu verkürzen. »Das ist doch Zeitverschwendung, so lange nichts zu tun, diese Zeit kann man doch effektiver nutzen!«

Pausemachen ist *keine* Zeitverschwendung, so viel sollte inzwischen klar geworden sein, sowohl aus psychologischer als auch aus medizinischer Sicht. Pausemachen ist eine Fähigkeit, die heute bei uns gelernt und trainiert werden muss. Pausemachen ist schlicht notwendig für den Selbstzugang und die psychische Zufriedenheit. Ebenso für die körperliche Gesundheit und den Erhalt der Leistungsfähigkeit. Das ist, so hoffen wir, durch dieses Buch klar geworden. Nun geht es darum, sich in einer Umgebung, die nicht auf Mañana-Kompetenz eingestellt ist, seine Mañana-Pausen zu verschaffen.

Das ist aus verschiedenen Gründen nicht ganz so einfach. Eine Schwierigkeit besteht in der Fähigkeit unseres Gehirns zum unbewussten Lernen. In der Wissenschaft benennt man diesen Vorgang mit dem englischen Wort

»Priming«.[55] Das menschliche Gehirn ist den ganzen Tag damit beschäftigt, seine Umgebung wahrzunehmen. Aber nur ganz wenig von dem über den Tag hinweg Wahrgenommenen gelangt dem Menschen zu Bewusstsein. Vielmehr hinterlässt vieles von dem, was den Menschen umgibt und womit er sich beschäftigt, Spuren im Gehirn und versetzt ihn in Bereitschaft, bestimmte Dinge zu tun, ohne dass er sich jemals bewusst dazu entschlossen hätte.

Probieren Sie einmal folgendes kleine Experiment aus. Wir geben Ihnen vier Fragen, die Sie möglichst schnell beantworten sollen.

Welche Farbe haben die Wolken?

Antwort: ____________________________

Welche Farbe hat ein Brautkleid?

Antwort: ____________________________

Welche Farbe hat Schnee?

Antwort: ____________________________

Was trinkt die Kuh?

Antwort: ____________________________

Haben Sie an »Milch« als Antwort gedacht? Oder wollten Sie an »Milch« denken, haben sich aber blitzschnell zur Raison gerufen, sich korrigiert und korrekterweise »Wasser« geantwortet? Was bringt Menschen dazu, auf die einfache Frage: »Was trinkt die Kuh?« mit der Antwort »Milch« zu liebäugeln? Es war ganz einfach Priming im Spiel. Ihr Gehirn wurde durch die vorhergehenden Fragen auf das Thema »weiße Farbe« eingestellt. So wurde eine Spur gebahnt für alles, was weiß ist. Und die Spur für Weiß führt zusammen mit der Erinnerung an »Kuh« und »trinken« nun mal schneller zu »Milch« als zu »Wasser«. Sie können dieses Experiment auch mit Freunden durchführen, jeder muss in irgendeiner Form mit der Antwort »Milch« kämpfen. Manchen rutscht das Wort »Milch« gleich heraus, manche antworten mit »Wasser«, müssen auf Nachfrage aber zugeben, dass die Milch ihnen zuerst in den Sinn kam.

Ein paar Experimente

Zum Priming gibt es interessante wissenschaftliche Experimente. Beispielsweise verhalten sich Personen bei einem Spiel nach dem Prinzip von Monopoly wettbewerbsorientierter, mehr auf den eigenen Vorteil bedacht und knickriger gegenüber anderen, wenn sie es in einer Umgebung spielen, in der sich Gegenstände aus dem Businessalltag befinden. Bürostühle oder Aktenkoffer sind zum Beispiel Gegenstände, die wettbewerbsorientiertes Verhalten auslösen.[56] Man kann sich die Wirkung von Priming so vorstellen, als gäben die Umgebungsbedingungen dem Gehirn ein Motto vor. Im geschilderten Fall war es das Motto »Business«. Der Mensch nimmt dieses Motto wahr, es wird ihm allerdings nicht bewusst.

Priming-Experimente funktionieren bereits auf der Ebene von Worten. In einem Forschungsprojekt gab der amerikanische Psychologe John Bargh[57] den Versuchspersonen eine Aufgabe, die die Versuchspersonen auf ein bestimmtes Motto primen sollte, ohne dass diese etwas davon mitbekamen. Sie sollten einzelne Worte zu Sätzen zusammenbauen. Man erzählte ihnen zur Tarnung die Geschichte, es handle sich hierbei um ein sprachwissenschaftliches Experiment. Die eine Gruppe von Versuchspersonen bekam neutrale Worte – wie Baum, Milch, Wolke, Stuhl – und sollte Sätze daraus bilden. Die andere Gruppe von Versuchspersonen bekam nur Worte, die sich auf das Thema »Alter« bezogen, zum Beispiel Corega Tabs, Rollstuhl, weiße Haare, Rente, Florida. Durch das Arbeiten mit altersbezogenen Worten wurden im Gehirn die Spuren für »Alter« gelegt.

Was haben die findigen Forscher gemessen, um die Auswirkungen des Alters-Primings zu untersuchen? Sie stoppten die Zeit, die die Versuchspersonen benötigten, um den Gang hinunterzugehen, wo sie im Sekretariat ihr Honorar für die Teilnahme am Experiment beziehen konnten. Das Ergebnis ahnen Sie vielleicht schon. Die Versuchspersonen, in deren Gehirn das Motto »Alter« aktiviert worden war, bewegten sich deutlich langsamer den Flur hinunter als die Versuchspersonen, die neutrale Worte zu bearbeiten hatten. Um es noch einmal zu betonen: Den teilnehmenden Personen war zu keinem Zeitpunkt bewusst, dass sie sich tatsächlich mit dem Thema »Alter« beschäftigt hatten. Sie wussten auch nicht, dass sie von der Versuchsleitung absichtlich manipuliert worden waren. Ihrer eigenen Ansicht nach liefen sie ganz normal den Gang hinunter, nachdem sie an einem sprachwissenschaftlichen Experiment teilgenommen hatten. Das Priming entfaltet seine Wirkung, *ohne dass der Betreffende davon etwas merkt.*

Warum sind solche Experimente so wichtig für die Umsetzung von Mañana-Pausen im Alltag? Weil Sie, solange Sie in unserer Kultur leben und arbeiten, vermutlich viel öfter am Tag auf Schnelligkeit, Pflichterfüllung, Hast und Eile geprimt werden als auf Ruhe, Pause, Auftanken oder Aufmerksamkeit auf die eigenen Bedürfnisse richten. Wer deshalb damit beginnen will, den eigenen Tag so zu gestalten, der muss dafür sorgen, dass der Parasympathikus regelmäßig zum Einsatz kommt. Er muss dem allgegenwärtigen auf Hast und Eile ausgerichteten Alltags-Priming das eigene Priming entgegensetzen.

Am Rande erwähnt sei die Tatsache, dass Werbefachleute die Ersten waren, die sich für die Effekte von Priming interessierten. Darum erscheinen auch viele Artikel über Priming in Fachjournalen über Konsumentenforschung.[58] Wenn in Kaufhäusern französische Akkordeonmusik am Weinregal gespielt wird, werden mehr französische Weine gekauft. Jeder Kugelschreiber, der eine Werbeaufschrift enthält, ist ein Versuch, in Ihrem Gehirn eine Spur zu legen, die zu dem Produkt führt, das auf dem Kuli verzeichnet ist. Ein Weltmeister im Priming ist auch die Kirche. Glockenläuten alle Viertelstunde, hohe, weit sichtbare Kirchtürme, Kruzifixe in öffentlichen Gebäuden – Werbefachleute würden für solch eine Präsenz viel Geld lockermachen.

Selbstpriming

Wie primt man sich nun selbst? Indem Sie Ihren gesamten Alltag mit Erinnerungshilfen spicken. Das hat viel mit Strategie und Überlegung zu tun. Sie müssen Ihrem Gehirn eine Spur durch den Tag legen, durch die es immer wieder an das Thema Mañana-Kompetenz erinnert wird. Dazu müssen Sie sich zunächst ein paar Primes einfallen lassen. Am besten funktioniert dies, wenn Sie sich ein Bild suchen, das für Sie persönlich eine gute Erinnerung an die Mañana-Verfassung darstellt. Sie sollten sich für ein Bild entscheiden, das die Erinnerung an Ihre gewünschte Gemütsverfassung möglichst einfach und gefühlsmäßig ganz direkt aufrufen kann. Also keine komplizierten Gedankenspiele, sondern etwas, mit dem Sie unverzüglich eine Erinnerung mobilisieren können. Das macht es Ihrem Gehirn und dem Körper einfacher, eine körperliche Reaktion zu produzieren. Und eine körperliche Reaktion ist das, was Sie brauchen, denn Sie möchten ja Einfluss auf den Parasympathikus nehmen.

Nach welcher Art von Bild soll man suchen? Was den Inhalt betrifft, so ist das von Mensch zu Mensch völlig unterschiedlich. Eine Eventmanagerin in einem Kosmetikkonzern wählte das Bild eines Lavendelfelds in der Provence. »Wenn ich dieses Bild anschaue, rieche ich förmlich den Lavendelduft und werde sofort ruhig«, war ihr Kommentar. Ein Familienvater nahm das Bild einer Hängematte unter Palmen am Strand. »Mich erinnert das an meine Tauchurlaube in der Karibik, da habe ich immer ein prima Mañana-Gefühl«, erklärte er dazu. Eine Architektin kam mit dem Bild einer Bergwiese mit hohem Gras und vielen wilden Blumen in die Teilnehmerrunde zurück. »So eine Wiese war in meiner Kindheit hinter unserem Haus. Ich habe mich als kleines Mädchen da reingelegt, auf den Rücken, in die Sonne geblinzelt und das frische Gras gerochen. Dieses Gefühl will ich wiederhaben.« Der Geschäftsführer einer Firma für Sanitärbedarf war von einem Bild begeistert, das einen großen Braunbären zeigte, der auf einem liegenden Baumstamm sichtlich entspannt eine Siesta hält. »Genau das will ich können. Alle viere von mir strecken und nur noch relaxen«, schwärmte er. Ein junger Orthopäde mit eigener Praxis wollte sich speziell im Umgang mit seinen Patienten in Mañana-Kompetenz üben, ganz besonders dann, wenn das Wartezimmer voll war und er unter Zeitdruck geriet. Er kam, bis über beide Ohren grinsend, mit einem Bild der Zeichentrickfigur Pink Panther ins Coaching. »Sie kennen doch sicher auch die Titelmelodie zu diesem Film? Dada-dada, dada, dadadeldadida, dadadadaaaaahahahahum. Großartig! Humorvoll, listig, leicht. Genau das, was ich brauche. Und dieser Pink Panther ist so eine flexible, lockere Gestalt! Wenn ich nur sehe, wie der läuft, werde ich locker. Und supercool ist er noch dazu. Um keine Ausrede verlegen, kann dem Leben immer etwas Schönes abgewinnen. Rosarote Brille eben.«

Wenn Sie also ein Bild gefunden haben, dann kann man davon ausgehend viele Primes erfinden. Bei der einfachsten Variante wird das Bild kopiert und viele Exemplare davon im Alltagsleben verteilt. Auf Chipkartengröße verkleinert und laminiert kommt es in den Geldbeutel. Jedes Mal, wenn Sie den Geldbeutel öffnen, werden Sie geprimt. Es wird auf das Display des Handys geladen. Jedes Mal, wenn Sie telefonieren, werden Sie geprimt. Das Bild kommt als Bildschirmschoner auf den Computer. Jedes Mal, wenn Sie am Computer sitzen, werden Sie geprimt. Ein Bild kommt in Ihre Sitzungsunterlagen. Wenn Sie in der Sitzung sind, werden Sie geprimt.

Die Assoziationskette zum Bild lässt sich beliebig weiter ausbauen. Der junge Orthopäde lud sich die Pink-Panther-Melodie als Handyklingelton aus dem Netz herunter. Die Frau mit dem Lavendelfeld kaufte sich lila Bettwäsche und Badezusatz mit Lavendelduft. Der Geschäftsführer, der das Bärenbild ausgesucht hatte, kaufte sich einen Schlüsselanhänger mit einem Bären. Jedes Mal, wenn er seinen Schlüssel benutzte, wurde er geprimt. Die Architektin kaufte sich einen Duschvorhang mit einem Blumenmotiv, das sie an ihre Wiese erinnerte. Außerdem fand sie eine Mineralwassermarke, die auf dem Etikett eine Bergwiese zeigte, und trank fortan im Büro dieses Mineralwasser. Jedes Mal, wenn sie einen Schluck Wasser trank, wurde sie geprimt.

Man kann auch Passwörter und Zahlencodes unter Prime-Gesichtspunkten vergeben. In vielen Firmen mit hohem Sicherheitsstandard muss man sich monatlich ein neues Passwort überlegen. Warum nicht »8rosa-Tiger!« oder »77Wiesenblumen«? Der Fantasie sind keine Grenzen gesetzt. Ein Mann in unserem Kurs hatte ein altes Schwarz-Weiß-Foto von Charles Lindbergh gewählt. »Ich fliege selber für mein Leben gern und darf einfach nicht vergessen, dass ich dem Abenteuer in meinem Leben genug Platz geben muss, sonst ist das Leben für mich nicht lebenswert«, erklärte der begeisterte Sportflieger, der schon seit einiger Zeit Probleme hatte, seine jährlichen Flugstunden zusammenzubringen, weil der Beruf ihm keine Zeit mehr ließ. Er füllte sich ein Fläschchen mit Kerosin ab, das er stets bei sich trug. Immer wenn er in seine Hosentasche griff und das Fläschchen spürte, wurde er geprimt. Und wenn es ganz dicke kam und er dringend die Erinnerung an Abenteuer auffrischen musste, dann öffnete er das Fläschchen und gönnte sich eine Nase voll Kerosinduft. Für andere Menschen mag Kerosin im Gehirn mit grässlichen Assoziationen verknüpft sein, für das Gehirn dieses Mannes war es der Duft der Freiheit.

Mañana-Szenarien

Wie viele Primes soll man aufbauen? Als Mañana-Anfänger oder Anfängerin gaaaaanz viele. Der Karibik-Mann war gestresst im Beruf und privat. Beruflich war er voll gefordert, und privat wartete abends seine über alles geliebte Familie auf ihn, bestehend aus Frau und zwei süßen Mädchen. Er nahm das Karibik-Bild als Bildschirmschoner, lud sich *Island in the Sun* von Harry Belafonte als Klingelton aufs Handy, steckte sich ein Karibik-Bild in Chipkartengröße auf die Rückseite seines Sichtmäppchens für den Mitarbeiterausweis und legte den Badehosen-Schlumpf aus der Spielzeugkiste seiner Kinder im Büro in seine oberste Schreibtischschublade. Er benutzte fortan nur noch grüne Marker-Stifte und grüne Post-it-Zettel, weil er durch die Farbe Grün die Assoziation zur Palme herstellen konnte. Das Büro war gut geprimt. Aber das Privatleben wartete ja auch noch auf ihn.

Also hängte er eine kleine Plastikpalme an den Rückspiegel seines Autos. Er vergrößerte sein Karibik-Bild auf Postergröße und befestigte es an der Vorderwand seiner Garage, sodass er direkt darauf zugefahren kam, wenn er am Feierabend das Auto in die Garage stellte. Außerdem kaufte er einen Türabtreter mit einem Palmenmotiv. Und dann machte er sich folgenden Plan: »Wenn ich nach Hause komme, dann stürme ich nicht gleich in die Wohnung, sondern bleibe erst noch für eine Minute im Auto sitzen und schaue mein Karibik-Bild an. Und erst wenn ich merke, dass ich zur Ruhe gekommen bin, steige ich aus. Vor der Wohnung erinnert mich der Türabtreter noch einmal daran, dass ich jetzt runterfahren kann. Ich atme noch mal tief durch, und dann erst stecke ich den Schlüssel ins Schloss.«

Durch dieses strategisch äußerst geschickte Priming bekommt der Karibik-Mann es hin, seine beiden Mädchen, die auf ihn losstürmen, herzlich zu umarmen, seine Frau zu küssen und dann ruhig und freundlich zu sagen: »Ich gehe jetzt für eine Viertelstunde in mein Zimmer, um abzuschalten, und dann bin ich für euch da, okay?«

Eine alleinerziehende Mutter von vier Kindern musste bei der Priming-Übung feststellen, dass es in der ganzen Wohnung keine einzige Ecke gab, die sie nur für sich hatte. Sie hatte wenig Geld, darum nur eine kleine Wohnung, und teilte sich das Schlafzimmer mit den Kleinen. Sie entwickelte die Idee, ein Bad zu nehmen, wenn sie Ruhe brauchte. »Aber dann kommt ständig jemand reingelaufen, da komme ich nie zur Ruhe«, wurde ihr klar, als sie ihr Mañana-Szenario durchdachte. In diesem Fall brauchen die Kinder ein klares Signal, wann die Mami Mañana-Pause hat und auf keinen Fall gestört werden will. Für so einen Hinweis eignet sich zum Beispiel der Sombrero bestens. Er wird als Zeichen dafür an die Badezimmertür gehängt, dass hinter dieser Tür jemand jetzt seinen Parasympathikus aktiviert und dass man ihn im Moment in Ruhe lassen soll.

Wenn wir davon erzählen, dass man damit anfangen muss, sich selbst auf Mañana zu primen, wenn man sich einen anderen Rhythmus angewöhnen will, dann wiegeln manche Personen ab. »Das Priming brauch ich nicht, das Mañana fällt mir dann schon ein, wenn ich es brauche«, ist eine Antwort, die wir oft zu hören kriegen. Diese Ansicht ist falsch! Es fällt Ihnen eben nicht ein, wenn Sie die Pause brauchen, sondern es fällt Ihnen erst ein, wenn es schon zu spät ist und Sie bereits ein Ausmaß an Erschöpfung erreicht haben, das nicht mehr gesund ist. Wie kommt das?

Das menschliche Gehirn regelt die allermeisten Handlungen den Tag hindurch über sogenannte Automatismen, das sind unbewusst gesteuerte Aktionsabfolgen. Bewusst wahrgenommen werden nur Inhalte, die neu oder wichtig oder neu und wichtig sind. Wenn Ihnen also bewusst wird, dass Sie eine Pause benötigen oder Ihre negativen Gefühle herunterregulieren sollten, dann ist Ihre Verfassung schon über einen bestimmten Schwellenwert ins Negative abgerutscht. Natürlich ist es prima, wenn Ihnen das bewusst wird. Sie können dann damit beginnen, Mañana-Maßnahmen zu ergreifen. Viel einfacher haben Sie es jedoch, wenn Sie sich gut primen. Denn dann arbeitet Ihr Gehirn den ganzen Tag nach dem Lavendel-Prinzip. Es betrachtet die Geschehnisse aus der Karibik-Perspektive. Es hat die rosarote Pink-Panther-Brille auf. Und es ergreift jede Möglichkeit, um dieser Einstellung entsprechend zu reagieren und zu handeln. Damit wird verhindert, dass Sie in gewaltige Energie- oder Stimmungslöcher fallen, aus denen Sie sich dann mühsam wieder herausarbeiten müssen. Priming hilft dabei, einen neuen Automatismus aufzubauen. Und im Laufe der Zeit ist die Mañana-Kompetenz ein ganz normaler Bestandteil Ihres Lebens geworden.

Und noch etwas sollte ab sofort mit Adleraugen beobachtet werden: Wo in Ihrem Alltag befinden sich Primes, die Sie aus der Ruhe bringen? In unserer Küche haben wir die Küchenuhr von der Wand genommen. Wir wollen keinen Zeittyrannen bei den Mahlzeiten. Das Ticken macht nervös. Akten, die mich kribbelig machen, lege ich weit weg. Ich hole sie genau dann hervor, wenn ich mit ihnen arbeiten will. Solange sie in meinem Gesichtsfeld herumliegen, verursachen sie mir ein nachhaltiges schlechtes Gewissen, und zwar in vielen Fällen unbemerkt. Sie kennen vielleicht die »Simplify your Life«-Methode. Aus der Perspektive von Priming tut das Wegschmeißen deswegen so gut, weil damit viele alte Primes entsorgt wurden, die keine guten Spuren im Hirn aktiviert haben. Fotos von Menschen, die kein ruhiges Mit-sich-zufrieden-sein-Gefühl auslösen – weg damit. Gegenstände, die »Ich sollte, ich müsste«-Gedanken auslösen – weg damit. Zeitplaner, Notizzettel, Fachzeitschriften – weg damit, in eine Schublade, an einen festen Platz, in einen Ordner, wo sie nur dann dem Gehirn zum Verarbeiten zugemutet werden, wenn die Zeit dafür da ist.

Erst wenn Sie damit beginnen, selbst zu bestimmen, mit welchen Anregungen Ihr Gehirn gefüttert wird, und das nicht mehr dem Zufall, der Firma oder der Werbung überlassen, werden Sie auf die Dauer gesehen Herr oder Herrin im eigenen Haus. Vorher macht die Welt mit Ihnen, was sie will, und Sie bemerken es nicht einmal.

8 Mañana-Killerworte

Wie Sprache die Stimmung beeinflussen kann

Es ist nicht ohne Bedeutung, welche Worte Sie benutzen, um Ihre Ziele zu beschreiben. Woran liegt das? Im Gehirn werden Wörter in Minisimulationen der dazugehörenden Sinneseindrücke übersetzt, um diese Wörter verstehbar zu machen. Wenn man Versuchspersonen zum Beispiel das Wort »Kicken« zu lesen gibt, so wird der Teil des Gehirns aktiv, der für die Verarbeitung von Fußbewegungen zuständig ist. Sie führen also, bildlich gesprochen, in Ihrem Hirn eine blitzschnelle virtuelle Minikickbewegung aus, um dieses Wort zu verstehen.[59]

Diese Vorgehensweise des Gehirns lässt sich auf andere Wörter übertragen. Sogar abstrakte Wörter wie »Zukunft« oder »Unendlichkeit« haben eine körperliche Komponente. Das können Sie für sich leicht überprüfen. Wenn Sie mit den Händen zeigen sollen, wo die Zukunft liegt, werden Sie nach vorne zeigen oder hinter sich? In der westlichen Welt zeigen die Menschen nach vorne, wenn sie an die Zukunft denken. Das Gefühl von »vorne« ist der körperliche Aspekt des Wortes »Zukunft«. Und nun machen Sie sich in aller Ruhe klar, dass jedes Wort solch einen körperlichen Aspekt hat.[60] Das bedeutet, dass Sie mit *jedem* Wort, das Sie benutzen, in sich selbst Körperreaktionen wachrufen. Darum empfiehlt es sich, die eigene Sprache zu untersuchen, wenn man Mañana-Kompetenz in sein Leben bringen möchte. Nach unserer Erfahrung sind es vor allem zwei Wörter, die in den Köpfen der Menschen herumgeistern und auch oft ausgesprochen werden und die sich als absolute Mañana-Killer herausgestellt haben: »Glück« und »schnell«. Wir schauen zunächst das Wort »Glück« genauer an und untersuchen unter der Perspektive des Gehirns seinen körperlichen Gehalt.

Killerwort »Glück«

In der wissenschaftlichen Glücksforschung unterscheidet man zwischen dem akuten Glück, das sich etwa aus einem Gewinn im Lotto ergibt, und einem anhaltenden Gefühl des Wohlbefindens.[61] Diese beiden Formen, gute Gefühle zu haben, müssen dringend unterschieden werden, wenn es darum geht, das eigene Leben gut zu gestalten. Was das betrifft, ist es in unseren Augen irreführend, nach »Glück« zu suchen. Benutzt man nämlich dieses Wort, entsteht in den Gehirnen der allermeisten Menschen gemäß unserer Erfahrung eine Assoziation mit dem Lottogewinn-Gefühl. Mit dem Wort »Glück« verbinden viele ein euphorisches Körpergefühl, was viel mit Aufgewühltsein und Überwältigung zu tun hat. Mit freudigem Aufgewühltsein und absolut positiver Überwältigung, aber eben mit Tumult und nicht mit Ruhe.

Ich erzähle Ihnen hierzu ein eigenes Beispiel. Es stammt aus meiner Studienzeit und ist mir persönlich deshalb so wichtig, weil ich damals anhand zweier Begebenheiten das erste Mal herausgefunden hatte, dass es mit dem Wort »Glück« nicht nur Gutes auf sich hat. Es war zu der Zeit meiner Diplomprüfungen, also in der

Endphase des Studiums. Die Begebenheit Nummer eins trat nach meiner mündlichen Abschlussprüfung in Psychologie ein. Ich hatte mich gut vorbereitet und fühlte mich sicher. Die Prüfung war abgeschlossen; ich wurde gebeten, kurz draußen zu warten, während der Professor und der Beisitzer über meine Note sprachen. Dann rief man mich wieder herein.

»Wir haben lange beraten«, teilte mir der Professor mit, »ob wir Ihnen eine Eins oder eine Zwei geben sollen. Nun, Ihre Ausführungen ergeben gerade keine Eins mehr, dafür eine sehr gute Zwei. Wir gratulieren Ihnen zur bestandenen Prüfung.« Er schüttelte mir die Hand, der Beisitzer gratulierte mir ebenfalls, und damit war ich entlassen. Draußen wartete schon der nächste Prüfling mit wächsernem Gesicht.

Ich begab mich nach Hause, in meine Wohngemeinschaft. Ich weiß es noch, als wäre es heute passiert: Es war gegen 11 Uhr vormittags, an einem hellen Sommertag. Je weiter ich mich von der Universität entfernte, umso ärgerlicher wurde ich. Was war geschehen? Ich hatte doch meine Prüfung bestanden. Es ist gar nicht einfach zu beschreiben, was mich damals so aufgebracht hatte. Es war nicht die Tatsache, dass ich »nur« eine Zwei bekommen hatte, sondern der Umstand, dass der Professor mir versicherte, dass es fast eine Eins hätte werden können. Wenn er einfach nur gesagt hätte: »Sie haben mit Zwei bestanden«, wäre ich zufrieden nach Hause gefahren. Aber er hatte mir mitgeteilt, dass ich knapp an einer Eins vorbeigeschrammt war. Und halbe Noten gab es damals nicht, auch kein Punktesystem, das diese Tatsache mathematisch hätte fassen können. Es gab nur entweder eine Eins oder eine Zwei. Und mit der Aussage »Es ist eine sehr gute Zwei« konnte ich bei späteren Bewerbungen nichts anfangen. Dort stand eine Zwei, und fertig. Je länger ich über diesen Umstand nachdachte, desto stärker wurden meine Frustgefühle.

Was die ganze Angelegenheit verschärfte, war die Tatsache, dass ich von meinen Anlagen her klar zu den Dünnhäutern gehöre. Was macht ein Dünnhäuter in solch einer Lage? Genau. Er sucht nach Gründen, was er hätte besser machen können. Er hadert mit sich. Er grübelt, welche Antwort denn nun den Ausschlag zum Schlechteren hin gegeben haben könnte. Er überlegt sich andere Antworten. Er untersucht alle Prüfungsunterlagen und findet Artikel, die er zwar gelesen hat, deren Inhalt ihm aber in der Prüfung nicht eingefallen war. Er macht sich Vorwürfe, zermartert sich das Gehirn und leidet Folterqualen. Denn durch die vermutlich tröstlich gemeinte Bemerkung des Professors war aus dem Erfolg »mit Zwei bestanden« ein Misserfolg, »eine Eins verpasst«, geworden. Übelstes Gift für einen Dünnhäuter.

Aber am allerschlimmsten, das weiß ich auch noch, als hätte ich es gerade erst erlebt, war die Tatsache, dass ich die Ursache meiner Enttäuschung niemandem vermitteln konnte. »Freu dich doch! Du hast doch bestanden, und eine Zwei ist doch prima, damit kannst du doch promovieren. Was hast du denn?«, war die allgemeine Antwort. Ich saß also auf einem dicken Berg Ärger, Wut, Enttäuschung und Zukunftssorgen, den ich niemandem vermitteln konnte. In der Sprache der Wissenschaft: In mir tobten starke negative Affekte. Ich setzte mich in den Garten, mit einer Flasche Gin und einer Flasche Tonic Water als Begleitung. Und betrank mich mit Gin Tonic am helllichten Tag. Danach war mir schlecht. Den darauffolgenden Tag verbrachte ich mit einem Kater im abgedunkelten Zimmer. Keine angenehme Zeit. Aber ich hatte ja auch ein Unglück zu verdauen.

Der Schmerz über die »sehr gute Zwei« in der mündlichen Prüfung legte sich allmählich und wurde zur Nebensache. Dann geschah Begebenheit Nummer zwei. Ich erhielt die Note für meine Diplomarbeit: eine glatte Eins! Ich war stolz und freute mich. Die Note wurde mir per Post zugestellt, der Tag war wunderbar. Und eine Stunde nachdem der Postbeamte mir den wunderbaren Brief gebracht hatte, klingelte das Telefon. Der Professor, der meine Diplomarbeit betreut hatte, war am anderen Ende der Leitung. Er teilte mir mit, dass er von meiner Kreativität begeistert sei, und bot mir eine Promotionsstelle an seinem Institut an.

WOW!

Volltreffer!!

Wahnsinn!!!

Der Professor ruft an und bietet einer Studentin eine Stelle an, das war für mich unfassbar. In meiner Studentinnenwelt kam dieser Anruf von seinem positiven Gehalt her einem Lottogewinn gleich. Eine feste Stelle! An der Uni! Doktorarbeit schreiben können! Und das, ohne sich bewerben zu müssen! Schier unglaublich. Auch diese Ereignisse fanden wiederum vormittags statt, es war immer noch Sommer. Den Brief mit der Eins für meine Diplomarbeit hatte ich noch einigermaßen verkraftet. Der Anruf jedoch war zu viel des Guten. Er gab mir den Rest. Der Parasympathikus war gekillt. Ich war dermaßen aufgeregt, dass ich zitterte. Ich war alleine in der WG, die anderen waren in der Uni. Meine Mutter, die ich anrufen wollte, um ihr von meinem Glück zu berichten, nahm das Telefon nicht ab, sie war vermutlich weit hinten in ihrem Garten bei den Bohnen, die zu dieser Jahreszeit täglich geerntet werden mussten. So etwas muss doch gefeiert werden! Wenn niemand mitfeiert, dann feiere ich eben alleine. Was tat ich? Ich griff mir die Flasche Gin und eine Flasche Tonic Water, setzte mich in den Garten und betrank mich mit Gin Tonic.

Als meine Freundin nach Hause kam, fand sie mich schlafend im Bett. Gegen Abend kroch ich aus der Falle. Mir war schlecht, und ich sah keineswegs glücklich aus. Den nächsten Tag verbrachte ich im abgedunkelten Zimmer mit einem ausgewachsenen Kater.

Da fiel es mir auf: Innerhalb von zwei Wochen hatte ich mich zweimal ganz fürchterlich betrunken. Das eine Mal aufgrund großen Unglücks, das andere Mal aufgrund übergroßen Glücks. Seltsam, seltsam. Da konnte doch etwas nicht stimmen. Offenbar ist zu großes Glück für das psychische System genauso schwer erträglich wie zu großes Unglück. An diesem Tag begann ich dem übergroßen Glück und seinen Auswirkungen nachzuspüren. Ich habe bis heute viele Menschen getroffen, die unter Erfolgen leiden oder gelitten haben. Seitdem ich mich mit der Funktionsweise des parasympathischen Systems beschäftige, kenne ich die medizinischen Hintergründe dieses Phänomens. Glück und Erfolg können, wenn sie im Übermaß auftreten, den Parasympathikus lähmen. Und das fühlt sich nicht angenehm an.

Ich habe in jenem Sommer beschlossen, in meinem Leben nicht mehr nach Glück zu suchen. Stattdessen entschied ich mich für das Wort »Zufriedenheit«. Das Wort »Glück« bedeutet für mich einfach eine Überdosis an Gutem. Das Wort »Zufriedenheit« hingegen erzeugt in mir ein angenehmes, warmes Gefühl. Zufriedenheit ist angenehm und gut verträglich. Das Wort »Behagen«

oder das Wort »Wohlbefinden« löst ähnlich wohltuende Gefühle aus. Solche Gefühle sind geeignet für den Alltag, rauschende Glücksgefühle sind es nicht.

Nach diesen Kriterien, ob sich ein Wort behaglich für mich anfühlt oder nicht, habe ich auch das Wort »Reichtum« untersucht. Viele Menschen würden auf die Frage »Möchtest du gerne reich sein?« sofort mit »Ja!« antworten. Ich würde das nicht mehr tun. Das Wort »Reichtum« löst in mir zwar gute Gefühle aus, aber dazu gehört ein ähnlich unangenehmes Rausch- und Tumultgefühl wie zum Wort »Glück«. Bei Reichtum denke ich an Luxusjachten, teuren Schmuck, Champagner und goldene Paläste. »Gier« gehört zur Assoziationskette und »Herzeigen, was man hat«, mit dem unangenehmen Beigeschmack von »Protzen«. Wo geprotzt wird, entsteht »Neid«. All das erzeugt in mir Stress. Darum möchte ich nicht reich werden.

Trotzdem bin ich keine Kostverächterin! Ich liebe teure Schuhe und gebe viel Geld für gutes Essen aus. Ich möchte auch gerne schön wohnen und in einem behaglichen Auto fahren. Die Alternative zum Reichtum muss keineswegs darin liegen, als besitzloser Benediktinermönch zu leben. Das Wort, das ich gefunden habe, um meine Zielvorstellung bezüglich meiner Finanzen parasympathikusgerecht zu beschreiben, heißt »Wohlstand«. Wohlstand gibt mir ein gutes, warmes Gefühl der Beruhigung. Außerdem produziert mein Gehirn eine Art Rettungsring um meinen Körper herum. Im Wohlstand zu leben fühlt sich ein bisschen an wie »Made im Speck«. Gut genährt und im Besitz von reichlich Vorrat. Auf Wohlstand hinzuarbeiten fühlt sich für mich völlig stressfrei an. Es ist eine beständige, ruhige Vorwärtsbewegung, die nichts mit Hektik zu tun hat und auch nichts mit Protzen. Sondern mit einem guten Leben, das man sich mit redlicher Arbeit aufgebaut und darum auch verdient hat, sodass man sich über den eigenen Wohlstand auch anständig freuen kann.

Killerwort »schnell«

Ein anderes Wort, bei dem wir zur Vorsicht raten, ist das Wort »schnell«. Beobachten Sie einmal sich und Ihre Umgebung. Wie oft wird dieses Wort benutzt? Wann wird dieses Wort benutzt? Unsere Diagnose lautet: In der westlichen Welt ist dieses Wort viel zu häufig zu hören und zu lesen. Eigentlich tritt es auf wie eine Seuche. Der erste Kontakt mit dem verdächtig häufigen Gebrauch dieses Wortes führt wieder in meine Kindheit zurück. Meine Oma war die Erste, die es in einer Weise benutzte, die mir schon als kleines Kind auffiel. Meine Oma war nach dem Krieg nach Amerika ausgewandert. Dort heiratete sie und betrieb ein Delikatessengeschäft in Brooklyn, New York.

Aus Amerika brachte uns der Postbote Pakete voller Wunder. Marshmallows waren darin, Hershey-Schokoladensoße und Erdnussbutter. Eine neue Welt voll von unbekannten Geschmackserlebnissen. Wenn meine Oma uns besuchte, und das war in meiner Kindheit nur selten der Fall, weil der Besuch aus Amerika damals nur per Schiff erschwinglich war, brachte sie auch amerikanische Sitten zu uns aufs süddeutsche Land. Zum einen war das die Gewohnheit, vor dem Abendessen einen Drink zu sich zu nehmen. Sie bevorzugte eine Mischung aus Myers's Rum und Ginger Ale. Zum anderen führte sie ein neues Kriterium ein, was das Kochen betraf. »Schnell« musste es gehen. »Quick« war darum eines meiner ersten Worte, die ich auf Englisch lernte. Meine Oma wusste, wie man einen »Quick Cake« backte, einen schnellen Kuchen. Pudding konnte sie »quickly« kochen, Suppe war »quick«, und überhaupt war eine »quickly« zubereitete Mahlzeit die bessere Mahlzeit.

Auf dem Land in Süddeutschland kochte man anders. Wenn man den Quark selbst zubereitete, bedeutete das einen langen Weg von der Vollmilch, die man beim Bauern holte, über die Sauermilch, die in einer Schüssel vor sich hin reifte, bis hin zum Quark, »Bibeleskäs« genannt. Der wurde aus der Sauermilch gewonnen, indem man ihn in Leinensäckchen füllte, die in aller Ruhe, Tropfen für Tropfen, die Molke durchsickern ließen, bis der Quark fertig war. Um einen Blaubeerkuchen mit Hefeteig zu backen, brauchte es eine Schar Kinder, die einen Sommertag damit zubrachten, Blaubeeren zu pflücken, eine Mutter, die einen Tag Zeit hatte, einen Hefeteig mehrmals zu kneten und gehen zu lassen, sowie eine Tochter (mich), die sich der Herstellung von Streuseln widmen konnte. Außerdem gehörten dazu jede Menge kleiner Brüder und ein Vater, die Blaubeeren und Streusel stibitzen wollten und die man vertreiben musste. Wenn dann der Blaubeerkuchen auf dem Tisch stand, war das für alle die Vollendung eines langen Werdegangs.

Für meine Oma aus Amerika waren solche Dinge nichts weiter als Hindernisse auf dem Weg zum fertigen Produkt. Möchte man einen Kuchen essen, muss es »quickly« gehen. Nach diesen Erlebnissen mit Omas schneller Küche dachte ich nicht weiter über die Geschwindigkeit im Alltag nach, bis ich als circa 30-Jährige ein Erlebnis mit meiner Freundin hatte. Es war an einer Geburtstagsfeier, wo wir beide Hilfsaufgaben am Büfett übernommen hatten. Am Büfett war die Hölle los. Wir mussten beide pinkeln. Schon seit einiger Zeit. Wir hielten uns zurück und arbeiteten weiter. Irgendwann kam der Punkt, an dem es einfach nicht mehr ging. »Wir müssen schnell mal verschwinden«, meldeten wir. Ersatz fürs Büfett wurde gestellt, und wir verschwanden aufs stille Örtchen. Die Toilettenkabinen waren nur durch eine Sperrholzwand auf Stelzen abgeteilt, sodass man sich während des Geschäfts bequem unterhalten konnte. Wir strullten beide wie die Rösser. Kein Wunder, die Blase war zum Platzen voll. Da wir gegenseitig in Hörweite saßen, fingen wir an zu lachen und ließen es laufen. »Eigentlich ist das hier ja Irrsinn«, fiel uns dann auf. »Mit einer normalen menschlichen Verrichtung so lange zu warten, bis man strullt wie ein Ross.«

»Passiert dir das öfter?«, fragte ich meine Freundin.

»Dauernd«, antwortete sie. »Eigentlich kenne ich das nur so. Mein Mann allerdings, der sitzt stundenlang auf dem Thron. Er nimmt die Zeitung mit und ist verschwunden für den Rest der Welt.«

Mir ging es genauso wie ihr. »Ich muss mal schnell aufs Klo«, das war mein Standardspruch, bevor ich mich zurückzog. Schnell. Warum schnell? Warum nicht rechtzeitig, in aller Ruhe und langsam? Durch das Wort »schnell« geriet diese ganz normale menschliche Verrichtung unter Zeitdruck. Damals auf der Toilette schworen meine Freundin und ich einen Schwur, den ich bis heute gehalten habe: »Nie mehr strullen wie ein Ross.« Wenn ich auf die Toilette muss, verschwinde ich und gehe aufs Klo. Fertig. Weder besonders schnell noch besonders langsam, ich gehe einfach. Hört sich das für Sie banal an? Möglicherweise schon. Aber diejenigen unter Ihnen, die – wie ich früher –, ohne darüber nachzudenken, großzügig mit dem Wort »schnell« umgehen, die wissen sicher, wovon ich spreche.

Nach dem Schwur mit meiner Freundin beobachtete ich mich auch in anderen Situationen. Schier unglaublich, was ich alles »schnell« erledigen wollte.

»Ich geh mal schnell einkaufen.«

»Ich komm schnell vorbei und bring dir das Buch.«

»Ich schicke schnell ein Fax raus.«

»Dazu kann ich schnell was schreiben.«

»Kein Problem, ich mach uns schnell ein paar Brote, dann können wir los.«

Bei Müttern beobachte ich die »Schnelleritis« besonders oft. Das ist bemerkenswert, weil der Umgang mit Kindern naturgemäß das genaue Gegenteil von schnellem Handeln mit sich bringt. »Wir müssen uns nur noch schnell anziehen, dann sind wir fertig.« Ha, ha, ha. Wer kennt ein Kind, das sich schnell anzieht?

»Pack schnell deine Schultasche, der Bus kommt gleich.« So, so. Schöner Plan.

»Ich hole Leon nur noch schnell vom Hort ab.« Und der Feierabendverkehr? Die Baustelle an der Brücke? Der Parkplatzmangel vor Ort?

Alle diese ganz normalen Alltagstätigkeiten verlieren schlagartig das ihnen innewohnende Potenzial als Mañana-Killer, wenn man das Wort »schnell« einfach aus seinem Sprachgebrauch streicht. Einfach nicht mehr benutzen, und schon kann das Gehirn dieselbe Tätigkeit in einem anderen Rhythmus anleiten. Nämlich ganz einfach in der Zeit, die diese Vorgänge benötigen. Nicht schneller und nicht langsamer.

Das Wort »schnell« erzeugt zweierlei: Zum einen übt es Zeitdruck auf die ausführende Person selbst aus. Außerdem verleitet es dazu, schlecht zu planen, weil man die Zeit, die ein Vorgang tatsächlich benötigt, unterschätzt. Bei meiner Oma mit ihren Quick-Rezepten – die übrigens niemandem in der Familie so richtig schmecken wollten – ging das »Quick-Kuchenbacken« tatsächlich schneller als das althergebrachte Hefekuchenkneten meiner Mutter. Aber oft tappt man durch das Wort »schnell« eben mittenrein in die Falle, nämlich zu unterschätzen, wie viel Zeit etwas braucht. Auch hierzu haben wir ein Beispiel.

Kürzlich äußerte im Selbstmanagement-Seminar eine Führungskraft das Anliegen, den Arbeitsbeginn zu entstressen. Der 45-jährige Filialleiter einer Bank erzählte, dass er oft schon völlig gehetzt im Büro ankomme und innerhalb der ersten zwei Stunden des Arbeitstags alle Energien bereits aufgebraucht habe. Um 11 Uhr sei er dann eigentlich schon reif für den Feierabend. Hier wollte er mit einem besseren Selbstmanagement eingreifen. Neben zahlreichen Techniken, die man hierfür lernen kann, erwies sich die Analyse seines Umgangs mit dem Wörtchen »schnell« als sehr hilfreich. Er stellte fest, dass er die Zeit zwischen dem Aufstehen und der Ankunft am Arbeitsplatz unter dem Motto »schnell« mit viel zu vielen Tätigkeiten vollpackte, die mehr Zeit verschlangen als beabsichtigt und daher den Tag von Anfang an mit Zeitdruck belasteten. Er checkte noch schnell die Mails, während er sich die Zähne putzte. Er packte noch schnell die leeren Flaschen in eine Tüte. Er rief noch schnell bei der Autowerkstatt an, um den Termin für die Inspektion zu vereinbaren. Er fuhr auf dem Weg zum Büro noch schnell am Glascontainer vorbei. Und dann noch schnell beim Bäcker, um das gute Brot zu kaufen, das seine Familie so mochte. Somit war der Tagesbeginn von Hast geprägt und nicht von Ruhe.

Was kann man zusammenfassend aus diesem Kapitel lernen? Es ist nicht ohne Belang, welche Worte wir benutzen. »Ist das nicht Wortklauberei?«, höre ich Sie fragen. Nein, das ist es nicht. Mit modernen Methoden der Hirnforschung lässt sich klar zeigen: Jedes Wort hinterlässt auf der körperlichen Ebene und damit auch auf der Ebene des Verhaltens und der Stimmung seine Spuren. Der sorgfältige Umgang mit Worten ist für viele ungewohnt, ich weiß. Aber er lohnt sich. Und er stellt eine ganz einfache und völlig kostenneutrale Möglichkeit dar, mehr Mañana-Gefühl in das eigene Leben zu bringen.

Teil IV

Mañana und Gesellschaft

9 Locke und Latham

Warum die Effektivitätssteigerung ihren Preis hat

Auf der Suche nach den Gründen für die allgemeine Hetze in der Arbeitswelt wird man bei den amerikanischen Arbeitspsychologen Edwin Locke und Gary Latham fündig. Sie haben eine ganz bestimmte Art der Zielsetzung erfunden, die in unseren Augen sicher nicht die alleinige Ursache für die allgemeine Unrast darstellt, die aber auf jeden Fall ihr Scherflein dazu beigetragen hat. Die Zielsetzungstheorie von Locke und Latham hat sich in allen Praxisfeldern, in denen Ziele eine Rolle spielen, fest etabliert. Unter der Bezeichnung »Management by objectives« hat die Betriebswirtschaftslehre ein Verfahren zur Führung von Mitarbeitenden entwickelt, das auf der Zielsetzungstheorie von Locke und Latham aufbaut. Der Geist dieses Ideengebäudes weht überall in der Firmenwelt. Für viele ist das Klima aus Eile und Druck, das daraus entsteht, mittlerweile so selbstverständlich, als wäre es schon immer so gewesen. Als wäre Arbeit ohne Unrast gar nicht denkbar. Das war nicht immer so! Um die Entstehungsgeschichte dieser Entwicklung besser zu verstehen, machen wir einen kleinen Ausflug in die Vergangenheit.

In seiner ersten Publikation berichtet der junge Arbeitspsychologe Gary Latham[62] über eine aufsehenerregende Entdeckung. Mit einer minimalen und äußerst kostengünstigen Maßnahme konnte er die Arbeitsleistung signifikant steigern. Der junge Mann arbeitete damals bei der American Pulpwood Association, einer Firma, die auf die Verarbeitung von Holz zu Papier spezialisiert war. Sie beschäftigte eigene Holzfällertrupps, die für das nötige Rohmaterial zu sorgen hatten. Als frischgebackener Psychologe bekam Gary Latham die Aufgabe, einen Weg zu finden, um die Anzahl der gefällten Bäume pro Tag zu erhöhen. Zunächst beobachtete er, wie viele Bäume von den einzelnen Arbeitern gefällt wurden, und legte sich hierzu eine Statistik an. Dann kam ihm eine Idee, mit der er Geschichte schreiben sollte. Latham gab den Holzfällern ein Arbeitsziel vor. Er nannte ihnen eine hoch angesetzte, konkrete Anzahl von Bäumen, die sie jeden Tag zu fällen hätten.

Über die genaue Anzahl der Bäume, die den Holzfällern als Ziel gesetzt wurde, sind in Lathams erster Publikation leider keine Zahlenangaben zu finden. Aus späteren Publikationen wissen wir jedoch, wie die Höhe eines Arbeitsziels errechnet wird. Als »hoch« gilt ein Ziel nach Locke und Latham dann, wenn nur zehn Prozent der Menschen einer Gruppe dieses Ziel erreichen können.[63] Das Arbeitsziel, das der gesamten Belegschaft vor die Nase gesetzt wird, orientiert sich also an der Spitzenleistung der zehn Prozent Besten ihrer Gruppe. Und wie sah es bei den Holzfällern aus nach dieser Zielsetzungsmaßnahme? Eine Sensation bahnte sich an. Alle fällten deutlich mehr Bäume. Hohe und konkrete Ziele, so das Ergebnis, erhöhen die Arbeitsleistung. Das Geniale an dieser Tatsache ist der Umstand, dass eine Erhöhung der Arbeitsleistung durch eine Maßnahme erreicht wird, die extrem kostengünstig und verblüffend einfach durchzuführen ist. Wunderbar, so scheint es. Aber diese

Maßnahme hat auch ihre Schattenseiten, mit denen wir etliche Jahrzehnte nach Lathams bahnbrechender Erfindung heute zu kämpfen haben. Anhand eines Laborexperiments kann man verdeutlichen, was eine hohe, konkrete Zielsetzung nach Locke und Latham in psychischer Hinsicht mit Menschen macht, die versuchen, solch ein Ziel zu erfüllen.

Hohe Ziele und Kreativität

In einem Experiment zur Kreativität untersuchten der Verhaltenspsychologe Alexander Stajkovic und seine Kollegen unter anderem, wie sich das Setzen hoher spezifischer Ziele auf die Kreativitätsleistung auswirkt.[64] Dieser Aspekt ihres Experiments ist sehr aussagekräftig, wenn man die psychischen Auswirkungen der Zielsetzungstheorie veranschaulichen möchte. Die Forscher bedienten sich hierzu einer Kreativitätsaufgabe, wie sie gerne in psychologischen Labors benutzt wird. Man erzählte den Teilnehmenden zunächst natürlich eine Tarngeschichte. Sie glaubten, an einem psycholinguistischen Experiment teilzunehmen. Ihre Aufgabe lautete: »Erfinden Sie möglichst viele Verwendungsmöglichkeiten für einen Drahtbügel. Beschreiben Sie alles, was Sie einmal gesehen haben oder was Sie sich ausdenken können. Sie haben zwei Minuten Zeit.«

Möchten Sie die Aufgabe vielleicht selbst einmal durchführen, bevor Sie weiterlesen? Es geht ja schnell, nur zwei Minuten, danach können Sie die psychische Auswirkung des Experiments optimal nachvollziehen. Wie viele Verwendungsmöglichkeiten für einen Drahtbügel fallen Ihnen in zwei Minuten ein?

Das Experiment war darauf angelegt, herauszufinden,

wie sich verschiedene Zielsetzungen auf die Kreativitätsleistung auswirken. Hierzu hatte man zuvor eine Pilotstudie durchgeführt, um zu erfahren, wie sich die statistische Verteilung der Ergebnisse gestaltete. 90 Prozent der Personen schafften es, in zwei Minuten vier Verwendungsmöglichkeiten für einen Drahtbügel zu finden. Nur zehn Prozent der Personen kamen auf zwölf Verwendungsmöglichkeiten. Damit war die konkrete Anzahl für die hohe und konkrete Zielsetzung nach Locke und Latham definiert. Es wurden drei Gruppen von Versuchspersonen gebildet. Als hohes Ziel in diesem Versuch wurde für die erste Gruppe die Vorgabe definiert: »Versuchen Sie, zwölf Verwendungsmöglichkeiten zu finden.« Die zweite Gruppe von Versuchspersonen erhielt ein leichtes Ziel: »Versuchen Sie, vier Verwendungsmöglichkeiten zu finden.« Die dritte Gruppe bekam ein sogenanntes »Do your best!«-Ziel: »Versuchen Sie, Ihr Bestes zu geben!«

Die Ergebnisse dieses Experiments sind in der folgenden Tabelle dargestellt.

Zielsetzung	**Anzahl gefundener Verwendungsmöglichkeiten (Mittelwerte)**
Leichtes Ziel (finde vier)	5,16
»Do your best«-Ziel (Gib dein Bestes!)	6,29
Hohes Ziel (finde zwölf)	6,90

Für unsere Thematik ist wichtig zu wissen, um wie viel die Leistung steigt, wenn man Personen ein Ziel gibt, das in der Tradition von Locke und Latham als hoch bezeichnet wird. Wie man in der Tabelle sieht, werden mit solch einem Ziel tatsächlich mehr Verwendungsmöglichkeiten für einen Drahtbügel gefunden (nämlich 6,90) als bei den Personen mit dem leichten Ziel (5,16) und unter der »Do your best!«-Bedingung (6,29). So weit, so gut. Es gilt aber eines zu bedenken: Die Personen, denen man ein hohes Ziel gesetzt hatte, zeigten zwar die beste Leistung im Vergleich mit den anderen beiden Gruppen. Aber wie sah es wohl im Innenleben dieser Personen aus? Die Vorgabe war, zwölf Verwendungsmöglichkeiten zu finden; sie kamen aber nicht auf zwölf Verwendungsmöglichkeiten. Nicht einmal auf zehn. Auch nicht auf acht. Nein, sie kamen im Schnitt auf 6,9 Verwendungsmöglichkeiten. Das heißt, gemessen an dem Standard, den die Initiatoren des Experiments getreu den Prinzipien von Locke und Latham vorgegeben hatte, hatten sie für sich persönlich ein Misserfolgserlebnis zu verbuchen.

Und so geht es allen Mitarbeitenden, denen in diesem Sinne hohe Ziele vorgesetzt werden. Die Leistung der Gesamtgruppe insgesamt gesehen wird für die Firma um ein gewisses Quantum gesteigert. In unserem Experiment von 5,16 auf 6,90. Zu diesem Effekt gibt es über 1000 Studien in den verschiedensten Berufsfeldern.[65] Das Phänomen taucht immer wieder auf und ist statistisch sehr robust, daher auch sein Siegeszug in der Arbeitswelt. Wo mit dieser Art der Zielsetzung gearbeitet wird, steigt in vielen Fällen die Leistung. Niemand scheint sich aber bisher Gedanken darüber gemacht zu haben, wie die einzelnen Individuen die Tatsache verkraften, dass sie das gesteckte Ziel gar nicht erreichen können. Die Perfidie an dieser Geschichte ist, dass ein solches Gelingen von denen, die diese Zielvorgaben machen, auch gar nicht erwartet wird. Beabsichtigt ist lediglich, das moderate Potenzial zur Leistungssteigerung auszuschöpfen, das in einem Arbeitsablauf drinsteckt. Ein Ziel, das so ausgesucht wird, dass es nur die zehn Prozent Besten einer Stichprobe erreichen können, produziert automatisch eine große Menge an Misserfolgserlebnissen – und an Stress natürlich. David Scheffer und Julius Kuhl[66] diskutieren dieses extrem hohe Anspruchsniveau berechtigterweise im Zusammenhang mit der einhergehenden Frustration der Mitarbeitenden, die so sicher wie das Amen in der Kirche zu dieser Art von Leistungssteigerung dazugehört.

Langfristig kontraproduktiv

Man kann sich durchaus vorstellen, dass in den Siebzigerjahren, zu Beginn dieser Forschung, in manchen Industriezweigen ein gemütlicher Schlendrian vorherrschte. Vielleicht lagen die Holzfäller der American Pulpwood Association die Hälfte ihrer Arbeitszeit dösend auf Holzstapeln, bevor Latham sich ihrer annahm. Er konnte sie darum durch seine extrem hoch angesetzten Ziele tatsächlich zu mehr Leistung anspornen. Gleiches gilt für Staatsbetriebe, die in Industriebetriebe umgewandelt wurden wie Bahn oder Post. Es gibt sicherlich auch Kulturen, die statt eines Parasympathikus-Trainings eher ein Sympathikus-Training benötigen, um zu einer insgesamt besseren Leistungssituation zu kommen.

Dieses Effektivitätsgesetz jedoch wurde 30 Jahre lang verfeinert und bis ins Letzte ausgereizt. Inzwischen ist es so, dass Geschäftsführer ohne Kenntnisse der Unternehmen, der Kultur und der Menschen, die darin arbeiten, einfach hohe Ziele in der Tradition von Locke und Latham vorgeben, pauschale Effektivitätssteigerungen von 20 oder 25 Prozent verlangen und dadurch vielleicht kurzfristig sogar einen Anstrengungsschub auslösen. Dies ist jedoch aus der Sicht der Parasympathikus-Thematik ein zweifelhafter Erfolg. Abgesehen davon, dass sich dieser Schub meistens auf Angst und nicht auf Freude an der Leistung gründet, werden diese Steigerungen inzwischen nur noch auf Kosten der menschlichen Energiesubstanz erzielt und sind langfristig mit Sicherheit kontraproduktiv. Die Leistungssteigerung, die in den Siebzigerjahren durch diese Technik der hohen Zielsetzung noch zu verzeichnen war, ist in der heutigen Zeit an ihrem oberen Limit angelangt. Wenn jedoch ein moderner Geschäftsführer immer noch mit den alten Methoden bessere Zahlen herausquetscht, wird er nach wie vor von den Investoren gelobt. Zeigen sich später die daraus entstandenen Erschöpfungsprobleme, hat er bereits die Karriereleiter nach oben genommen, und die Investoren sind weitergezogen. Zurück bleiben die Schäden, und die Mitarbeiter fragen sich, ob das die Form von Leistung ist, die sich angeblich lohnen soll.

Wir brauchen deshalb ganz klar einen Paradigmenwechsel im Bereich der Unternehmensstrategie. Effektivitätssteigerung geht heute auf Kosten der Firmenkultur, der langfristigen Gesundheit und der Kreativität von Unternehmen, insbesondere auf dem Buckel der Mitarbeiter.

In einem hoch spezialisierten Unternehmen forderte der neue Geschäftsführer, ohne vorher mit den Mitarbeitern gesprochen zu haben, pauschal 25 Prozent

Effektivitätssteigerung. Und wie? Klar, mit Umstrukturierung. Also zum Beispiel Entscheidungswege verschlanken, sprich: Mitarbeiter im mittleren Management entlassen und ganze Abteilungen innerhalb des Unternehmens umziehen lassen, um neue Kräfte zu entfalten. Nach sechs Monaten war klar, dass das eingetreten ist, was die erfahrenen Mitarbeiter voraussagten. Gewachsene, gut funktionierende Strukturen und kurze Wege wurden ohne Not zerstört, und die Mitarbeiter leisteten nun weniger. Außerdem hatte das bestehende Team im vorangegangenen Jahr mit hohem Arbeitseinsatz in Rekordtempo – und in schwierigster internationaler Konkurrenzsituation – neue Produkte auf den Markt gebracht, die das Unternehmen in der letzten Krise gerettet hatten. Doch statt dafür ein echtes Lob zu bekommen, wechselte die Geschäftsführung und verlangte jetzt einfach noch mal 25 Prozent mehr Leistung. Kein Wunder, dass man sich da veräppelt vorkommt. Kommentar des Seminarteilnehmers, der mir diese Geschichte erzählte: »Wenn man 25 Prozent Effektivitätssteigerung haben möchte, dann lässt man uns am besten in Ruhe arbeiten.« Diesen Fall erzählen wir Ihnen, weil wir ihn so oder so ähnlich in den letzten Jahren dutzendfach gehört haben.

Es mag sein, dass man früher – bildlich gesprochen – auf einem klapprigen Ruderboot blinde Passagiere und Steuermänner in mehrfacher Ausführung mitgeschleppt hat und dass man das Boot schneller machen konnte, wenn man da und dort ein bisschen verschlankt hat. Heute sagt man jedoch zu den Insassen eines hoch trainierten, hoch spezialisierten und sowieso auf das absolute Minimum konzentrierten Ruderachters, dass man wegen des globalisierten Wettbewerbs den achten

Mann rausnehmen müsse. Die verbleibenden sieben Personen sollen nun eben 120 Prozent Leistung bringen. Das mag noch 1000 Meter lang gut gehen, dann bricht die Leistung ein. Darum wird es höchste Zeit, dass man erkennt: Hohe Zielsetzungen sind nicht mehr zeitgemäß. Sie sind kein geeignetes Instrument mehr, um die Qualität einer Firma zu sichern.

Was ist die Botschaft der Mañana-Kompetenz für Personen, die durch diese Form der Zielsetzung an ihr Limit getrieben wurden und bei uns in den Seminaren sitzen, weil sie unter dauernder Nervosität, psychosomatischen Beschwerden und Schlafstörungen leiden? Wir erzählen ihnen die Wahrheit: dass alle im Betrieb auf dem letzten Zacken laufen. Dass keiner mehr eine Reserve hat, die er noch mobilisieren könnte. Und dass sie darum sich und ihren Kollegen den größten Gefallen tun, wenn sie die Zivilcourage aufbringen und deutlich mitteilen, dass ihr Leistungsrahmen ausgeschöpft ist. Denjenigen Mitarbeitenden, die in einer Firmenkultur leben, wo sie solch ein Eingeständnis den Kopf kosten könnte, empfehlen wir, knallhart zu tricksen und zu schummeln, halb gare Ergebnisse mit gutem Gefühl abzugeben und sich keinen Kopf mehr um Perfektion und um die alten Vorstellungen von solider Arbeit zu machen. Denn eine solche ist, wie das Beispiel mit dem Ruderboot anschaulich zeigt, mit menschlichem Vermögen unter den absurden Bedingungen, die mittlerweile zum Normalfall geworden sind, nicht zu erreichen.

10 Mañana-Falle Gutmütigkeit

Man muss nicht immer gutmütig sein!

Seit dem ersten Erscheinen dieses Buchs vor über 15 Jahren haben wir beide viele Vorträge über die Mañana-Kompetenz gehalten und zahlreiche Workshops und Seminare durchgeführt. Durch diesen reichen Erfahrungspool haben wir inzwischen neues Wissen darüber erworben, was Menschen davon abhalten kann, für mehr Mañana in ihrem Leben zu sorgen, obwohl sie ganz genau verstanden haben, wie viele gute Gründe es gibt, den eigenen Akku regelmäßig aufzuladen. Ich möchte nun die markanteste Mañana-Falle vorstellen, denn ich glaube, dass sich sehr viele Menschen hier wiedererkennen und das vorgeschlagene Hilfsmittel gerne übernehmen werden. Die Falle, um die es nun geht, ist die Gutmütigkeit. Gutmütigkeit ist eine Eigenschaft, die isoliert betrachtet zu den beliebten und positiven Eigenschaften gehört. Ein gutmütiger Mensch hat viele Freunde und ist allgemein beliebt.

Wenn jemand über diese Eigenschaften verfügt, dann kann man von diesem Menschen nicht einfach verlangen, dass er sie so einfach über Bord wirft, nur weil wir hier etwas von Mañana-Kompetenz erzählen. In der Tat habe ich in Workshops von Teilnehmenden mit diesen Eigenschaften immer Protest wahrgenommen, der sich sogar bis hin zu Empörung steigern konnte.

»Wo würden wir denn da hinkommen, wenn jetzt auf einmal alle ...« Den Rest des Satzes kann man sich selbst ausmalen.

Zusammen mit vielen klugen Teilnehmenden und dem Wissen über Selbstmanagement, das wir haben, sind wir zu einigen neuen Erkenntnissen gelangt, die im Alltag ohne Weiteres gut genutzt werden können und die es erlauben, trotz gesteigertem Mañana ein gutmütiger und liebenswerter Charakter zu bleiben.

Vor einiger Zeit wartete ich nach einem Vortrag am Bahnhof auf den Zug, der mich nach Hause bringen sollte. Der Vortrag hatte sich mit dem Thema »Machen Sie doch, was Sie wollen!« befasst. Ich hatte darüber gesprochen, weshalb Menschen oftmals nicht das tun, was sie eigentlich wollen, und wie sie dabei unterstützt werden können, geradliniger und konsequenter ihre Absichten zu vertreten.

Am Bahnsteig stand ein Mann neben mir, beobachtete mich eine Weile und sprach mich schließlich an:

»Ich war eben bei Ihrem Vortrag«, teilte er mir mit.

»Und, hat er Ihnen gefallen?«, fragte ich.

»Ja, im Prinzip auf jeden Fall. Aber haben Sie auch einen Rat, was man gegen zu viel Gutmütigkeit tun kann?«

»Wieso wollen Sie einen Rat gegen Gutmütigkeit, haben Sie von sich den Eindruck, Sie sind zu gutmütig?«

»Ja, genauso ist es. Ich weiß im Prinzip schon, was ich will. Aber ich lasse mich immer wieder breitschlagen, etwas für andere zu tun.«

»Aha, so ist das.« Ich fing an zu grübeln – das war ein interessantes Thema. »Gutmütigkeit ist im Prinzip aber doch eine sehr sympathische Eigenschaft eines Menschen. Sicher sind Sie deswegen doch beliebt. Wieso wollen Sie das denn abschaffen?«

»Weil ich die Sachen, die ich für andere mache, oft mit einem inneren Ärger erledige. Ich opfere meine Zeit für andere und bin insgeheim gar nicht zufrieden mit mir. Ich würde mir wünschen, ich hätte dann nichts zugesagt, sondern hätte es geschafft, abzulehnen.«

»Ach so, dann gibt es also bei Ihnen eine Art unerwünschte Gutmütigkeit; von der wollen Sie sich lösen. Und dann gibt es andererseits eine Art willkommene Gutmütigkeit, die wollen Sie beibehalten. Verstehe ich das richtig?«

»So könnte man das ausdrücken, ja«, nickte der Mann zustimmend.

»Und wenn Sie gegen Ihre eigenen Interessen gutmütig sind, merken Sie das eigentlich gleich, oder merken Sie das erst im Nachhinein?«

»Das merke ich sofort! Ich habe dann so ein schlechtes Gefühl, von dem Sie im Vortrag gesprochen haben – ganz stark. Das ist ein ganz klares Signal.«

»Aber warum lassen Sie sich denn dann breitschlagen, wenn Sie so ein deutliches Nein-Gefühl spüren?«, fragte ich neugierig.

»Haha, gute Frage. Vermutlich, weil ich ein harmoniebedürftiger Mensch bin. Ich möchte niemanden enttäuschen. Wenn ich jemandem etwas abschlage, fühle ich mich gar nicht gut. Ich bin halt zu gutmütig.«

»Okay, lassen Sie mich zusammenfassen: Sie spüren also ganz genau, wenn ein Ansinnen, das gerade an Sie herangetragen wird, gar nicht gut für Sie ist. Aber Sie sind auf gute Stimmung aus; Sie wollen niemanden enttäuschen und vor den Kopf stoßen, um keine schlechte Laune aufkommen zu lassen. Und darum stimmen Sie einer Sache gegen Ihre eigenen Interessen zu. Und hinterher ärgern Sie sich über Ihre Gutmütigkeit.«

»Genauso läuft das ab!« Der Mann konnte sich offenbar in meiner Beschreibung gut wiederfinden. »Und was kann man dagegen machen? Das hat mir in Ihrem Vortrag noch gefehlt!«

In diesem Moment kündigte die Lautsprecherstimme die Einfahrt meines Zuges an.

»Mein Zug kommt jetzt, ich muss los. Aber ich bleibe an dem Thema dran, das verspreche ich Ihnen. Das hat jetzt wirklich mein Interesse geweckt. Vielleicht schreibe ich ja demnächst in einem Buch darüber. Zu viel Gutmütigkeit, das kann wirklich ein Problem sein. Sie können ja auf jeden Fall schon die Technik mit dem Zauberwort ›Moment‹ benutzen, die ich in meinem Vortrag erwähnt habe. Schreiben Sie sich einmal auf ein Blatt Papier folgenden Satz: Wenn ich bei einer Anfrage ein schlechtes Gefühl spüre, dann sage ich: ›Moment, ich muss erst darüber nachdenken.‹ Das wäre jetzt mal eine Erste-Hilfe-Maßnahme, die schon gut funktionieren sollte. Danke für die Anregung und schönen Abend noch!«

Seit diesem Gespräch bin ich immer wieder auf das Thema Gutmütigkeit aufmerksam geworden, und ich habe angefangen, dazu eine kleine Systematik zu entwickeln. Es hängt nämlich mit der Selbstinfiltration zusammen, dass man ein Verhalten an den Tag legt, das in der Alltagssprache »Gutmütigkeit« genannt wird.

Wir hatten eingangs schon darüber gesprochen, dass es zu Selbstinfiltration führen kann, wenn man keinen guten Bezug zum eigenen Selbst hat. Man hält dann die fremden Ziele für die eigenen und trifft Abmachungen, die im Prinzip Mañana-Killer für das eigene Kraftreservoir sind. Regina, eine Freundin von mir, die am Empfang einer Rehaklinik arbeitet, erzählte mir folgende Geschichte, mit der man diese Vorgänge fabelhaft illustrieren kann:

»Du kennst doch unseren Hund Aki. Ob du es glaubst oder nicht: Meine unzuverlässige Tochter hat vor einem halben Jahr mitten in der Pubertät damit begonnen, mit Aki regelmäßig in die Hundesportgruppe zu gehen. Und das tut sie richtig konsequent, obwohl sie ja sonst jede Art von Verpflichtung hasst. Mensch, was bin ich froh, dass sie über Aki lernt, dauerhaft an einer Sache dranzubleiben und auf ein Ziel hinzuarbeiten. Stell dir vor: Sie will mit Aki zur Begleithundeprüfung! Irgendwie hat die Hundetrainerin wohl Hoffnung in ihr geweckt, als sie sagte, dass Aki ein sehr begabter, intelligenter Hund sei, bei dem man mit regelmäßigem Training viel erreichen könne. Nun ist meine Tochter absolut ernsthaft bei der Sache; sie übt jeden Tag mit Aki und geht zweimal in der Woche zu den Treffen auf dem Hundesportplatz. Und in der zweiten Augustwoche ist es so weit: Die Begleithundeprüfung steht an, und da möchte ich natürlich unbedingt dabei sein und den beiden die Daumen drücken. Ich bin überzeugt, dass uns das beide nahebringt und dass es eine wunderbare Erinnerung an ihre Flegeljahre sein wird, auch wenn sie die Prüfung nicht besteht. Es geht ja um die Anteilnahme, die ich damit ausdrücke, und um den Stolz, den ich empfinde.«

»Und wo ist jetzt das Problem?«, frage ich interessiert. Bis jetzt hört sich doch alles ganz prima an. Die Begleithundeprüfung wird zwar sicher aufregend, aber Regina hat hohe Geselligkeitswerte in ihrer Mañana-Zone; sie ist ein ausgesprochenes Familientier, und für sie ist dieser Anlass ein Seelenwärmer-Futter.

»Haha, das Problem kommt noch. Meine Kollegin an der Rezeption in der Klinik hat sich vor einiger Zeit für die Heilpraktikerprüfung angemeldet und lernt von morgens bis abends. Du weißt ja, wie viele bei diesen Prüfungen durchrasseln. Nun machen wir die Pläne für die Sommerzeit, eine Rehaklinik hat ja keine Sommerpause. Und da bittet mich meine Kollegin, ob ich nicht für sie den August übernehmen könne. Sie brauche eine Auszeit, um sich in Ruhe auf die Prüfungen im Oktober vorzubereiten. Sie stehe kurz vor dem Burn-out mit der Doppelbelastung von Beruf und Prüfungsvorbereitung.

Und da hat sie nicht übertrieben. Ich beobachte das ja schon einige Monate. Sie hat wahnsinnig abgenommen; man könnte ohne Weiteres davon sprechen, dass sie regelrecht ausgemergelt ist. Sie knabbert wieder Fingernägel, das hatte sie sich eigentlich abgewöhnt. Sie ist reizbar und extrem dünnhäutig. Leider auch gegenüber unseren Gästen. Kurzum: Als sie mich nach dem August fragte, habe ich vor lauter Mitgefühl alles andere vergessen. Mein eigenes Mañana und meine eigenen Pläne waren gar kein Thema mehr. Wie kann so etwas denn passieren? Ich hatte das überhaupt nicht mehr auf dem Schirm! Irgendwie kommt es mir im Nachhinein vor, als habe die Kollegin mich förmlich eingesogen. Ich hatte mich selbst völlig verloren, und was sage ich Idiotin? Dass ich den August natürlich übernehmen kann, damit sie ihre Ruhe hat. Hinterher, als ich wieder daheim war, sickerte bei mir allmählich die Erkenntnis durch, dass ich gerade mein absolutes Mañana-Highlight pulverisiert hatte. Ich könnte mich ohrfeigen! Abgesehen davon, dass meine Tochter superenttäuscht ist, habe ich auch mir selbst eine große Freude genommen. Wie blöd muss man sein, um sich einen solchen Unfug einzubrocken? So bescheuert wie ich muss man sein, dann klappt das bestens!«

Regina hatte sich richtig in Rage geredet, und ich konnte deutlich beobachten, dass bei ihr neben der Enttäuschung über das pulverisierte Mañana noch ein zweites Gefühl aufgekommen ist: die Wut über sich selbst. In der Psychologie nennt man dieses Phänomen »der Affekt über den Affekt«. Zu so etwas ist nur die Spezies Mensch mit ihrem hoch entwickelten Gehirn in der Lage; ein hochinteressantes Phänomen, das schnell in eine lang anhaltende negative Stimmungslage führen kann – pures Gift für Mañana.

Was ist zu tun? Im Gegensatz zu dem Mann am Bahnhof, der mir von seiner Gutmütigkeit erzählt hatte, war meiner Freundin in der Dialogsituation jegliches Gefühl für sich selbst abhandengekommen. Typischerweise stellt sich die Erkenntnis erst nach der Dialogsituation ein, wenn man in Ruhe nachdenken kann.

»Geh doch hin und sage ihr, dass du deine Zusage zurücknimmst!«, schlug ich vor.

»Das kann ich doch jetzt nicht mehr. Ich hab doch schon eingewilligt. Ich kann doch nicht hinterher kommen und meine Zusage rückgängig machen. Das wäre Nachkarten, so was mach ich nicht.« Was hat es mit dem Nachkarten auf sich? Dieser Begriff wird in Süddeutschland benutzt, wenn jemand eine eigentlich abgeschlossene Angelegenheit nachträglich wieder zur Sprache bringt, gewissermaßen einen Rückkommensantrag stellt. Warum dieses Vorgehen als unfein gilt, hat sich mir persönlich noch nie ganz erschlossen. Denn bei schnell und überraschend ablaufenden Interaktionen geschieht es natürlicherweise, dass man sich zu Aussagen verleiten lässt, die sich bei ruhigem Nachdenken als unvorteilhaft herausstellen. So etwas haben alle schon einmal erlebt. Wenn man es sich dann selbst verbietet, die Sachlage im Nachhinein noch im eigenen Interesse neu zu verhandeln, dann brockt man sich im Laufe seines Lebens einen Alltag mit zahlreichen fremdbestimmten Situationen ein, die man eigentlich so gar nicht haben will – eine Art Schweizer Käse, was die Mañana-Kompetenz betrifft. Ein Alltag voller Mañana-Löcher, das macht auf Dauer mürbe. Man kann ohne Weiteres einmal eine Woche ohne Mañana verbringen, notfalls auch einmal einen Monat. Im Fall des selbst auferlegten Nachkarten-Verbots aber steht dahinter ein Lebensprinzip. Und das führt zu Dauermangel mit all den Folgen für die körperliche und psychische Gesundheit, die wir schon besprochen haben. Abhilfe schafft hier eine einzige kleine Maßnahme: Man muss sich einfach über das (oft unerkannte) Nachkarten-Verbot klar werden und sich dann in einem zweiten Schritt selbst eine offizielle Nachkarten-Genehmigung erteilen.

»Ich soll also einfach hingehen und sagen: ›Sorry, ich nehme alles zurück, geht doch nicht.‹ Meinst du das? Damit habe ich echte Probleme, muss ich sagen. Das passt überhaupt nicht zu mir. Ich bin doch kein Luftikus.«

Niemand muss zum Luftikus werden, das versteht sich ja von selbst. Das ist eines der Hauptprobleme bei den Mañana-Fallen, dass Menschen, die von ihrer Persönlichkeit her zuverlässig, pflichtbewusst und verbindlich sind, es nicht schaffen, das eigene Mañana in den Vordergrund zu stellen. Stattdessen kümmern sie sich um das Mañana der anderen. Aber irgendwann ist es zu spät; der Akku ist leer, und man füllt seinen Mañana-Speicher stationär in einer psychosomatischen Rehaklinik.

»Weißt du was? Hol dir doch einen Ideenkorb zu der

Frage, wie du jetzt reagieren kannst. Da findest du sicher eine gute Lösung, die dir selbst guttut und bei der du nicht zum Luftikus werden musst.«

»Ideenkorb? Was ist das denn?«

Der Ideenkorb

Der Ideenkorb ist eine Methode des Zürcher Ressourcen Modells (ZRM), die als Brainstormingtechnik gesehen werden kann. Immer dann, wenn man selbst nicht mehr weiterkommt und keine sinnvollen Einfälle hat, kann man sich sogenannte Fremdgehirne zu Hilfe holen.

Die Person, die eine Frage hat, bittet andere Personen, ihr kurzfristig das Gehirn zur Verfügung zu stellen, daher stammt der Ausdruck »Fremdgehirn«. Mit den Ideen, die von den Fremdgehirnen entwickelt werden, wird ein imaginärer Ideenkorb gefüllt, den die fragende

Ideenkorb

Person aufstellt. Der Unterschied zwischen einem Ideenkorb und einem normalen Brainstorming besteht in der Art und Weise, wie aus dem Korb ausgewählt wird. Die fragende Person wählt nämlich Ideen danach aus, die ihr ein gutes Gefühl geben und zu ihr passen. Mit dieser Auswahlregel ist sichergestellt, dass die Identität der fragenden Person unversehrt bleibt und dass sie wichtige Werte nicht aufgeben muss. Es kann also sein, dass zwei fragende Personen aus demselben Ideenkorb völlig unterschiedliche Lösungen für sich auswählen. Es gibt kein allgemein verbindliches Auswahlkriterium, sondern ausschließlich individuelle Vorlieben. Was für den einen als Lösung völlig ausgeschlossen ist, kann für die andere genau das Richtige sein. Über die Angemessenheit von ausgewählten Lösungen sollte auch nicht diskutiert werden, denn die Auswahl ist beim Ideenkorb immer Privatsache und geht eigentlich niemanden etwas an, außer die fragende Person selbst.

Wer kommt als Fremdgehirn infrage? Im Prinzip jede Person mit einem halbwegs funktionstüchtigen Gehirn. Ob man jemanden als Fremdgehirn anfragt, hängt auch davon ab, ob man dieser Person zutraut, interessante Ideen zu entwickeln, und ob man davon ausgehen kann, dass dieses Fremdgehirn sich auch tatsächlich die Arbeit macht und ein paar Ideen hervorbringt und spendet.

Regina schildert also ihr Problem und versendet eine E-Mail an Michelle, eine alte Schulfreundin, an Thomas, den sie vom Spanischkurs kennt, an Annette, die ein paar Häuser weiter wohnt, und an Chrissi, die Mutter von der Freundin ihrer Tochter, die ebenfalls berufstätig ist und vermutlich diese Art von Problemen kennt.

Mit folgender Ausbeute bekommt Regina ihren Ideenkorb gefüllt.

Ideenkorb Michelle

hallo regina,

ich muss kurz nachfragen, bevor ich einen ideenkorb geben kann, weil mir ein paar dinge unklar sind.

du möchtest ja an der begleithundeprüfung von aki und deiner tochter teilnehmen. wie lange dauert das denn? in meiner welt ist das eine stunde oder so?

und du schreibst ja, dass deine kollegin an der rezeption burn-out hat und eine pause braucht. also ich weiß nicht, aber deswegen musst du doch nicht den ganzen august übernehmen, bzw. du kannst dann doch trotzdem an der prüfung teilnehmen? weiterhin ist es meines erachtens sache des/der vorgesetzten von euch beiden, das zu klären ...

vielleicht hab ich auch nur einen knoten in meinem kopf, aber ich kann die logik nicht nachvollziehen. Wir können sonst auch gerne mal telefonieren.

ich bin jetzt bis 14:30 daheim, danach hab ich einen termin, und dann bin ich wieder gegen abend erreichbar.

Ideenkorb Thomas

Es geht ja nur um einen Tag im August, an dem die Begleithundeprüfung stattfindet.

- Selbst Ersatz suchen für den einen Tag im August.
- Der Kollegin sagen, dass man den August übernehmen kann, außer den einen Termin im August, der geht wirklich nicht (einen Tag sollte die Kollegin ja schaffen, da hat man ihr schon einen Haufen abgenommen).
- Anbieten, Ersatz zu suchen, falls man der Kollegin helfen will.
- Falls es hilft: eigene Antwort zurechtlegen.
  1. Anerkennen, dass es eine Verpflichtung gab: »Ich weiß, ich habe schon zugesagt.«

2. Problem beschreiben: »Ich habe einen wichtigen Termin in meinem Kalender leider nicht beachtet.«
3. Mögliche Lösung: »Ich kann anbieten, den August zu übernehmen außer an dem einen Tag. Da habe ich einen wichtigen Termin, aber ich kann dir helfen, einen Ersatz für diesen Tag zu suchen.«

- Irgendwie danach sich selbst belohnen für den Mut, für das eigene Mañana einzustehen.

Ideenkorb Annette

Liebe Regina,

wenn ich das richtig verstehe, will die Kollegin sich den ganzen August freinehmen, und du brauchst nur das eine Wochenende für die Hundeprüfung. Mir fällt Folgendes dazu ein:

1. Dass du deine Kollegin anrufst und ihr die Situation schilderst, statt gleich abzusagen. Dass du den ganzen August übernimmst. Vielleicht findet ihr dann gemeinsam eine Lösung (z. B. eine temporäre Vertretung organisieren).
2. Du kannst dir auch gleich überlegen, ob du nicht einen Ersatz für dich in der zweiten Augustwoche findest. Vielleicht kennst du jemanden, der für dich einspringen könnte. Studentin, die Geld braucht, oder über eine Zeitarbeitsfirma ...
3. Oder du bittest die Kollegin, nur an den Hundeprüfungsterminen zu arbeiten, den Rest des August übernimmst du. Es geht für die Kollegin ja um den ganzen Monat.
4. Falls es eine Chefin gibt, kann die vielleicht sogar den Job an diesem Termin ausnahmsweise übernehmen.

Super Thema mit der Gutmütigkeit, das kennen wir doch :))

Viel Glück!

Ideenkorb Chrissi

- Der Kollegin sagen, dass man die Hundeprüfung völlig vergessen hat und gerne den August für sie übernimmt, außer die Daten, an denen die Hundeprüfung ist.
- Die Kollegin fragen, ob sie während der Hundeprüfung trotz Auszeit arbeiten kann.
- Mit der Kollegin zusammen überlegen, ob jemand anderes aus dem Team während der Hundeprüfung einspringen kann.
- Der Kollegin die Situation schildern und sie nach Lösungsvorschlägen fragen.
- Den August übernehmen und selbst einen Ersatz für den Dienst während der Hundeprüfung suchen.
- Die Kollegin fragen, ob sie die Auszeit um zwei Wochen verschieben kann, sodass sie nach der Hundeprüfung anfängt.
- Mit der Tochter besprechen, ob es noch alternative Daten/Uhrzeiten für die Hundeprüfung gibt.
- Für die Hundeprüfung den Dienst so eingeben, dass man bei der Hundeprüfung dabei sein kann, und dann für den Abend einen Tisch beim Lieblingsitaliener für die ganze Familie reservieren.

Das sind ja jede Menge Ideen! Ich selbst bin immer wieder aufs Neue erstaunt, welche Fülle an alternativen Lösungen die Ideenkorb-Methode hervorbringt. Ist etwas für Regina dabei?

»Viele Ideen gehen in die Richtung, dass ich mich selbst um einen Ersatz während der Hundeprüfung kümmere. So weit war ich selbst auch schon vor dem Ideenkorb. Das ist auch durchaus machbar. Der Tipp, dass eigentlich die Chefin sich um solche Themen kümmern müsste, bringt in meinem Fall nicht viel, weil ich genau weiß, was die Chefin sagen wird: ›Regeln Sie das bitte unter sich, das schaffen Sie beide auch ohne mich.‹

Da ist Hopfen und Malz verloren, solche Themen zu moderieren ist für sie das pure Grauen, das verweigert sie. Aber eines ist mir durch die Ideenkörbe klar geworden: dass ich mein Problem ja der Kollegin schildern kann. Bisher habe ich in solchen Fällen immer alleine nach einer Lösung gesucht, die dann meistens zu meinen Ungunsten ausgefallen ist. Aber einfach mal der Kollegin erzählen, in welchem Dilemma ich jetzt stecke, und abwarten, was sie selbst an Lösungen bringt, das ist wirklich was Neues für mich. Das werde ich ausprobieren.«

»Was wirst du der Kollegin denn sagen?«

»Na ja, im Prinzip, dass ich mich aus Gutmütigkeit und weil ich ihr gerne helfen will, selbst in eine doofe Situation manövriert habe. Und dass ich jetzt nicht glücklich bin mit der momentanen Lage, und ob sie irgendwie Abhilfe schaffen kann. Und dann stelle ich meinen Ideenkorb hin und warte einfach einmal ab, was sie an Ideen reinwirft.«

Eine richtig gute Handlungsabsicht ist das, finde ich. Was mir besonders gut daran gefällt, ist die Tatsache, dass Regine nun etwas ausprobiert, das für sie wirklich neu ist. Sie muss jetzt nicht zum egoistischen Ekelpaket werden. Sie muss sich auch nicht entscheiden zwischen ihrer Tochter und der Kollegin. Sie behält ihre Identität als hilfsbereite und gutmütige Kollegin. Sie teilt lediglich die Verantwortung für eine gute Lösung mit der Verursacherin des Problems.

»Und was mir auch super gefällt, ist die Idee mit der Mañana-Belohnung, die setze ich auch um!«, strahlt Regina.

Wenn man also aus Gutmütigkeit unter Zeitdruck in die Selbstinfiltration geraten ist, dann gelten folgende Verfahrensregeln:

Mañana-Vorgehen für Gutmütige

1. Das schlechte Gefühl bemerken und ernst nehmen.
2. Fremdgehirne aktivieren und Ideenkorb füllen lassen.
3. Eine geeignete Idee heraussuchen, die realisierbar ist und zum eigenen Wertesystem passt.
4. Die Idee umsetzen und notfalls ungeniert nachkarten.
5. Die Mañana-Belohnung genießen.

11 Plädoyer für mehr Gelassenheit

Wer Mañana kann, hat mehr vom Leben

In diesem Buch werben wir dafür, in unserer Gesellschaft vermehrt den Parasympathikus zu aktivieren. Mañana-Kompetenz – die Fähigkeit, sich Pausen, Rituale und Muße wieder aktiv zu gönnen – stellt heute einen wichtigen Schlüssel zu einem dauerhaft erfüllten und zufriedenen Leben dar. Doch auch wenn wir es geschafft haben, endlich wieder ohne Gedanken an die Mailbox, die Kindererziehung oder sonstige Mañana-Saboteure abends auf dem Sofa zu liegen, und uns auf einen schönen Krimi zu freuen, wird es uns schwer gemacht, zu entspannen. Es gibt eine Tendenz in unserer Gesellschaft, die sich in den letzten 40 Jahren zu einem ernst zu nehmenden Mañana-Killer ausgewachsen hat. Wir reden über die heutige Praxis der Gesundheitsaufklärung. Gesundheitsaufklärung? Richtig gelesen. Durch das Trommelfeuer, mit dem uns medial das Thema Gesundheit entgegenschlägt, wird kein Mensch gesünder, aber er wird sich dafür ständig Sorgen um seine Gesundheit machen. Und das aktiviert natürlich den Sympathikus.

Bevor am Sonntagabend der *Tatort* anfängt, läuft erst ein kleiner Fernsehclip, in dem sich ein Paar im mittleren Alter auf eine Abendgesellschaft vorbereitet.[67] Als sich die Frau vorbeugt, um einen großen, runden Perlohrstecker anzulegen, wird neben der Großaufnahme der Perle unvermutet der Satz eingeblendet: »Genauso groß ist der unentdeckte Tumor in ihrem Darm.« Dann sieht man einen Kerzenleuchter, an dem eine der Kerzen erlischt. Und wieder eine eingeblendete Schrift: »Auch wenn Sie sich gesund fühlen – gehen Sie zur Darmkrebsvorsorge!« Angstvoll tastet man sich mehrmals am Abend ab und deutet ein Völlegefühl als Vorstufe einer unheilbaren Erkrankung. Die Freude am *Tatort* ist jedenfalls dahin.

Unendlich viele Beispiele gibt es inzwischen, wie wir durch derartige Horrormeldungen auf vermeintlich lauernde Gefahren hingewiesen und in Angst und Schrecken versetzt werden. Dabei spielt es keine Rolle, ob es sich um ein tatsächliches Risiko handelt oder nicht. Ganz egal, Hauptsache, es wird Panik geschürt. Ein Poster am Eingang zur Apotheke warnt: »Die Gefahr lauert fast überall.« Wir sollen für eine Zeckenschutzimpfung motiviert werden, natürlich wieder mit dem Mittel Angst. Sobald dann Zeckenmeldungen in den *Tagesthemen* oder im *heute journal* landen, sind am nächsten Tag die Praxen voller Menschen, die sich ohne Impfung nicht ins Freie trauen. Auch im Rahmen der Corona-Krise im Jahr 2020 hätten wir uns seitens der Politik wie der Medien eine besonnenere Vorgehensweise gewünscht. Vielleicht wäre dann die eine oder andere verantwortungsvolle Entscheidung ohne die bekannten Verwerfungen möglich geworden.

Verstehen Sie uns nicht falsch: Krebsvorsorge ist wichtig, aber es ist Aufgabe des Arztes, uns in angemessener Form davon zu überzeugen. Diese Themen gehören nicht in den Supermarkt oder ins Unterhaltungsprogramm, sondern in die ärztliche Sprechstunde. Dort kann der Arzt dem Patienten das tatsächliche Risiko erläutern und ihm eine Entscheidung auf der Grundlage von echten Informationen ermöglichen. Er kann dann etwa erklären, dass in Deutschland jährlich circa 80 000 Menschen an Darmkrebs erkranken, meist in höherem Alter, und dass etwa 30 000 Menschen daran sterben. Im Fall der durch Zecken übertragenen Hirnhautentzündung sind jährlich etwa 600 Menschen betroffen.[68] Bei den Todesfällen handelt es sich um Erwachsene, und deren Zahl bewegt sich wahrscheinlich im einstelligen Bereich. Nun kann jeder bei über 80 Millionen Bundesbürgern sein persönliches Risiko abwägen und entscheiden, ob er etwas tun möchte – auch im Wissen, dass jede medizinische Maßnahme Nebenwirkungen haben kann. Im Urlaub von einer herabfallenden Kokosnuss verletzt zu werden ist übrigens sehr unwahrscheinlich und dennoch vergleichbar mit dem Risiko, durch einen Zeckenbiss ernsthaft an Hirnhautentzündung zu erkranken.[69] Trotzdem können wir auch weiter entspannt am Strand unter der Kokospalme liegen bleiben, genauso wie wir wieder unseren Waldspaziergang ohne Zeckenangst genießen sollten.

Sind wir wirklich so krank?

Schicken wir doch einmal einen Reporter in einen Kindergarten mit der Bitte, einen Bericht über den Gesundheitszustand der Kinder zu verfassen. Was würden wir am nächsten Tag in der Zeitung lesen? Eine Katastrophe nach der anderen. Kinder, die heillos verfettet sind, unter Bewegungsmangel leiden, an Zuckerkrankheit und Herzversagen erkranken werden und durch Handy und Computerspiele verstrahlt und verblödet sind. Schicken wir indes den Vertreter einer Lebensversicherung in denselben Kindergarten mit dem Auftrag, für die dortigen kleinen Mädchen eine Lebensversicherung abzuschließen, mit welcher Lebenserwartung wird er wohl rechnen? Diese Frage stellte ich neulich in einem Vortrag bei der Versicherung Hamburg-Mannheimer. Die dortigen Spezialisten bestätigten, dass Versicherungen bei kleinen Mädchen heute von einer Lebenserwartung von annähernd 100 Jahren ausgehen, um bei der Beitragserrechnung auf der sicheren Seite zu stehen. Wer hat also recht – der Reporter, der seine Leserschaft mit Katastrophen bei Laune halten muss, oder die Versicherungsexperten, die mit kühlem Kopf rechnen?

Die Fakten sind eindeutig: Die Versicherung hat recht! Wir Menschen sind heute so gesund, wie wir es in der gesamten Menschheitsgeschichte noch nie waren – und zwar mit Abstand. Heute geborene Mädchen haben eine Lebenserwartung von 83 Jahren, wenn die heutigen Lebensbedingungen in der Zukunft exakt so bleiben. Da wir jedoch mit einigem Fortschritt in Technik und Medizin rechnen können, werden diese Mädchen sogar noch erheblich älter werden, deshalb die annähernd 100 Jahre. Die Annahme, dass diese Mädchen 50 Jahre davon in Siechtum verbringen werden, ist auch falsch. Schon heute gibt es massenhaft fitte und vitale 70-Jährige, die um die Welt reisen und ihr Leben genießen. In früheren Zeiten waren das die absoluten Ausnahmefälle. 70-Jährige sind heute körperlich und geistig so fit wie früher mancher 50-Jährige nicht. Und dies nicht trotz der Lebensbedingungen der modernen Zivilisation, sondern gerade wegen dieser Umstände.

Katastrophenartige Meldungen über die Zunahme von Herzerkrankungen und Zuckerkrankheit aufgrund eines ungesunden Lebensstils sind nicht nur maßlos übertrieben, sondern schlicht falsch. Wir haben zwar einen Anstieg der absoluten Erkrankungszahlen; der ist jedoch darauf zurückzuführen, dass wir älter werden und im hohen Lebensalter diese Krankheiten bekommen. Wir wären früher vorher an Tuberkulose oder Typhus gestorben, so wie es in Gesellschaften in Afrika oder Asien heute noch üblich ist. Rechnet man diesen Altersaspekt heraus, ist die Zuckerkrankheit heute sogar weniger verbreitet als früher.[70] Das alles bedeutet nicht, dass man es als Schicksal hinnehmen sollte, im Alter von 70 oder 80 Jahren herz- oder zuckerkrank zu werden. Es gibt gute Ansätze, rechtzeitig solche Erkrankungen zu erkennen und zu therapieren. Und wenn man unbedingt mit Risikoszenarien argumentieren will, ist es viel wahrscheinlicher, dass fehlende Mañana-Kompetenz auf lange Sicht unsere Gesundheit viel negativer beeinflusst als der angeblich zu fette Käse oder unser angebliches Übergewicht. Macht es aber wirklich Sinn, dass wir heute den Kindern schon in der Grundschule vermitteln wollen, wie sie sich ernähren oder bewegen sollen, damit sie 70 Jahre später höchst spekulativ keinen Herzinfarkt oder Krebs bekommen? Obwohl bis zum heutigen Tag der Nachweis des Nutzens solcher Ernährungsempfehlungen fehlt,[71] wird möglicherweise bald eine sogenannte Lebensmittelampel eingeführt, die uns den Spaß beim Lebensmitteleinkauf gänzlich nehmen wird. Die normale Salzbrezel oder ein normal fetthaltiger Quark wird so zur Krankheitsgefahr. Was würden wohl unsere Großeltern zu diesem Unfug sagen?

Die Folgen von 50 Jahren Gesundheitsaufklärung

Obwohl wir also viel gesünder sind und älter werden als die Menschen früher, und obwohl wir uns bei schweren Erkrankungen auf eine viel leistungsfähigere Medizin verlassen können, bestimmt die Sorge um unsere Gesundheit weit mehr den Alltag als früher. Themen rund um Gesunderhaltung und Prävention füllen die Schlagzeilen und jede Zeitschrift, egal, ob Gemeindeblatt oder *manager magazin,* hat seine eigenen Gesundheitsexperten und Gesundheitstipps. Gesundheitsbewusst zu leben gehört heute zur Political Correctness. Und das führt zur ständigen Sorge, man könnte etwas falsch machen und würde dafür mit Herzinfarkt, Schlaganfall oder Krebs bestraft. Diese sogenannten Vermeidungsziele beherrschen unsere Präventionsprogramme und Gesundheitsaktionen, die uns bis tief in den Alltag hinein verfolgen. Und dafür bekommen wir nun zunehmend die Quittung.

Sie kennen den Placeboeffekt. Dessen Prinzip funktioniert auch andersherum. Dann heißt er »Noceboeffekt« (lateinisch: nocebo – ich werde schaden). Wenn man überzeugt ist, dass etwas krank macht, wird man nicht unbedingt krank, aber man wird sich krank fühlen. Durch die Aufzählung möglicher Nebenwirkungen eines Medikaments in den Beipackzetteln – selbstverständlich eine sinnvolle Maßnahme zum Schutz des Verbrauchers – vervielfältigte sich laut einer Untersuchung in Arztpraxen aber auch die Zahl der Patienten. Insbesondere klagten etliche in der Sprechstunde mit dem Beipackzettel in der Hand über eine Reihe der dort genannten Nebenwirkungen.[72] Mit Gesundheits-Aufklärungskampagnen à la »Fette Wurst verstopft die Gefäße«, »Salz verursacht Bluthochdruck« oder »Faul am Strand liegen fördert den Hautkrebs« erreicht man vor allem, dass sich die Menschen krank fühlen und in Sorge öfter die Arztpraxen aufsuchen. Es gibt sogar schon Krankheitsbilder wie die Orthorexia nervosa. Bei dieser krankhaften Störung haben Menschen schon Angst vor ganz normalem Essen, weil sie fürchten, sich ungesund zu ernähren. Kein Wunder, hinter jedem Fettauge lauert der Herzinfarkt, hinter jeder Pommes Krebs. So lesen und hören wir es tagaus, tagein. Genauso wie die Warnung vor zu viel Sonne dazu führt, dass Eltern schon bei den ersten Frühlingsstrahlen ihre Kinder beim Besuch des Spielplatzes von Kopf bis Fuß eincremen oder sie vor lauter Angst erst gar nicht in die Sonne lassen. Dabei kann der Schuss sogar nach hinten losgehen, wenn man beispielsweise Sonnenschutzmittel als Krebsschutz bewirbt und dann feststellen muss, dass Menschen, die besonders exzessiv Sonnencreme verwenden, in manchen Untersuchungen sogar vermehrt unter Hautkrebs leiden.[73]

Wir haben überhaupt nichts gegen wichtige Warnungen vor ernsten Bedrohungen. Man kann sicher ernsthaft den Nutzen der massiven Antiraucherkampagnen mit Schockbildern diskutieren. Uns stört aber ganz allgemein, dass bei den allermeisten Horrorkampagnen die angebliche Bedrohung in keinem Verhältnis steht zu ihren negativen Auswirkungen auf unser vegetatives Nervensystem. Unter ihrem Einfluss machen wir uns ständig unnötig Sorgen und feuern damit den Sympathikus weiter an.

Ein modernes Gesundheitsverständnis

Bei all dem Getöse um Gesundheit und Krankheitsgefahren ist es an der Zeit, innezuhalten und nachzudenken. Der Heidelberger Philosoph Hans-Georg Gadamer beschreibt Gesundheit als etwas, das im Verborgenen liegt. Etwas Selbstvergessenes, das es ermöglicht, uns kraftvoll dem Leben zuzuwenden.[74] Wenn uns jedoch Gesundheits- und Präventionsprogramme in alle Lebensbereiche verfolgen, indem sie nur darauf zielen, uns die Freude am Essen oder am Müßiggang zu vermiesen, und selbst aus einem unschuldigen Waldspaziergang eine Risikoveranstaltung machen, dann versetzen sie uns eben nicht in die Lage, uns selbstvergessen und kraftvoll dem Leben zuzuwenden. Ganz im Gegenteil. Aus diesem Grund wäre weniger Gesundheitsbewusstsein in Zukunft deutlich gesünder. Wir brauchen dringend einen moderneren Ansatz in der Gesundheitsaufklärung: weg vom Risikodenken und hin zu den wirklichen Gesundheitsressourcen. Wir werden in Zukunft mehr ältere Arbeitnehmer benötigen als heute, dies prophezeit uns die Demografie. Dann brauchen wir aber auch mehr ältere Menschen, die mit guter Gesundheit und Motivation ihrer Arbeit nachgehen. Dazu wiederum ist ein neues Verständnis von Gesundheit notwendig. Eines, das sich nicht durch unbelegte Zukunftsversprechen das Recht herausnimmt, unsere Lebensqualität in der Gegenwart zu verschlechtern, sondern eines, das beispielsweise einen guten und fairen Umgang miteinander als Gesundheitsressource ins Zentrum rückt. Verlässlichkeit, Chancen, Perspektiven, gute Schulen und gute Chefs – das alles hat sehr viel mit Stressreduktion, unserem vegetativen Nervensystem und insofern auch mit langfristigem Wohlergehen und Leistungsfähigkeit zu tun. Dies nützt der Gesundheit sofort *und* wirkt positiv in die Zukunft. Ein wichtiger Aspekt ist dabei, die Fähigkeit zu vermitteln, sich aktiv entspannen zu können. Gönnen wir unserer Gesellschaft wieder mehr Parasympathikus, und lächeln wir gelassen über die Miesmacher dieser Welt. Wer Mañana kann, hat einfach mehr vom Leben.

Herzlichst Ihre
Maja Storch & Gunter Frank

Anmerkungen

1 Badura, B. (2009): Berichtswesen – warum Sozialkapital in die Bilanz muss. In: Kromm, G.; Frank, G. (Hrsg.). *Unternehmensressource Gesundheit.* Symposion, Düsseldorf.

2 Kan, C.; Karasawa, M.; Kitayama, S. (2009): Minimalist in Style: Self, Identity, and Well-being in Japan. *Self and Identity,* 8, 300–317.

3 Vgl. Kan, C.; Karasawa, M.; Kitayama, S. (2009). (Übers. M. S.).

4 Taniguchi, J. (2009): *Der spazierende Mann.* Hamburg: Carlsen Comics.

5 Saum-Aldehoff, Th. (2007): *Big Five. Sich selbst und andere erkennen.* Düsseldorf: Patmos.

6 Kuhl, J. (2009): *Emotion, Motivation und Persönlichkeit. Göttingen:* Hogrefe.

7 Kuhl, J.; Kazén, M. (1994): Self-Discrimination and Memory: State Orientation and False Self-Ascription of Assigned Activities. *Journal of Personality and Social Psychology,* 66, 1103–1115.

8 Baumann, N.; Kaschel, R.; Kuhl, J. (2005): Striving for Unwanted Goals: Stress-Dependent Discrepancies Between Explicit and Implicit Achievement Motives Reduce Subjective Well-Being and Increase Psychosomatic Symptoms. *Journal of Personality and Social Psychology,* 89, 781–799. Brunstein, J.; Schultheiss, O.; Grässmann, R. (1998): Personal Goals and Emotional Well-Being: The Moderating Role of Motive Dispositions. *Journal of Personality and Social Psychology,* 75, 494–508.

9 Quirin, M.; Koole, S. L.; Kuhl, J.: Being Someone: The Integrated Self as a Neuropsychological System. *Social and Per-*

sonality Psychology Compass, 9 (3), 115–132. Siehe hierzu auch die Website des von Prof. Kuhl begründeten Instituts Impart: www.impart.de.

10 Quirin, M.; Koole, S.; Baumann, N.; Kazén, M.; Kuhl, J. (2009): You Can't Always Remember what You Want: The Role of Cortisol in Self-Ascription of Assigned Goals. *Journal of Research in Personality,* 43, 1026–1032.

11 Storch, M. (2015): *Rauchpause. Wie das Unbewusste dabei hilft, das Rauchen zu vergessen.* Göttingen: Hogrefe.

12 Storch, M. (2010): Motto-Ziele, s. m. a. r. t.-Ziele und Motivation. In: B. Birgmeier (Hrsg.). *Theoretisches Coachingwissen,* Wiesbaden: VS Verlag für Sozialwissenschaften, 183–206.

13 Storch, M.; Krause, F. (2017, 6. Aufl.): *Selbstmanagement – ressourcenorientiert. Grundlagen und Manual für die Arbeit mit dem Zürcher Ressourcen Modell ZRM.* Göttingen: Hogrefe.

14 Fischer, J. (2009): Stress, Produktivität und Gesundheit. In: Kromm, W.; Frank, G. (Hrsg.): *Unternehmensressource Gesundheit.* Symposion, Düsseldorf.

15 Siehe Badura, B. (2009).

16 Kromm, W.; Frank, G.; Gardinger, M. (2009): Sich totarbeiten – und dabei gesund bleiben. In: Kromm, W.; Frank, G. (Hrsg.). *Unternehmensressource Gesundheit.* Symposion, Düsseldorf.

17 Cannon, W. B. (1914): The Interrelations of Emotions as Suggested by Recent Physiological Researchers. *American Journal of Physiology,* 25, 256–282.

18 Selye, H. (1976): *The Stress of Life.* New York: McGraw-Hill.

19 Rensing, L.; Koch, M.; Rippe, B.; Rippe, V. (2006): *Mensch im Stress.* München: Spektrum.

20 Sapolsky, R. M. (2000): *Stress Hormones: Good and Bad.* Neurobiol Dis, 7, 540–542.

21 Sapolsky, R. M. (1998): *Warum Zebras keine Migräne kriegen.* Piper.

22 Schultz, W. (2002): Getting formal with dopamine and reward. *Neuron* 36 (2), 241–263.

23 Arias-Carrión, O.; Pöppel, E. (2007): Dopamin, Learning and Reward-Seeking Behavior. *Acta Neurobiol Exp,* 67 (4), 481–488.

24 Flaherty, A. W. (2005): Frontotemporal and Dopaminergic Control of Idea Generation and Creative Drive. *Journal of Comparative Neurology,* 493 (1), 147–153.
25 Colzato, L. S. et al. (2009): Dopamin and Inhibitory Action Control: Evidence from Spontaneous Eye Blink Rates. Experimental Brain Research, 196 (3), 467–474.
26 Boecker, H. et al. (2008): The Runner's High: Opioidergic Mechanisms in the Human Brain. *Cerebral Cortex,* 18 (11), 2523–2531.
27 Frank, G. (2008): *Lizenz zum Essen. Warum Ihr Gewicht mehr mit Stress zu tun hat als mit dem, was Sie essen.* München: Piper, S. 132–140.
28 Pollmer, U.; Warmuth, S.; Frank, G. (2003): *Lexikon der Fitnessirrtümer.* Eichborn, S. 374–377.
29 Thayer, J. F.; Fischer, J. E. (2009): Heart Rate Variability, Overnight Urinary Norepinephrine and C-Reactive Protein: Evidence for the Cholinergic Anti-Inflammatory Pathway in Healthy Human Adults. *Journal of Internal Medicine,* 265 (4), 439–447.
30 Cacioppo, J. T. et al. (1998): Autonomic, Neuroendocrine and Immune Response to Psychological Stress: The Reactivity Hypothesis. *Annals of the New York Academy of Sciences,* 840, 664–673.
31 Munck, A.; Guyre, P. (1991): Glucocorticoids and Immune Function. In: Ader, R.; Felten, D.; Cohen, N. (Hrsg.): *Psychoneuroimmunology,* 2. Aufl. San Diego: Academic Press. Medzhitov, R. (2008). Origin and Physiological Roles of Inflammation. *Nature,* 454, 428–35.
32 Bosch, J. A. et al. (2009): Psychologically Adverse Work Conditions Are Associated with CD8 + T Cell Differentiation Indicative of Immunesenescence. Brain, Behavior, and Immunity, 23, 527–534.
33 Glaser, R.; Kiecolt-Glaser, J. K. (2005): Stress-Induced Immune Dysfunction: Implications for Health. *Nature Reviews Immunology,* 5, 243–251.
34 Heath, G. W. (1991): Exercise and the Incidence of Upper Respiratory Tract Infections. *Medicine & Science in Sports & Exercise,* 23 (2), 152–157.

35 Pollmer, U.; Niehaus, M. (2007): *Food-Design: Panschen erlaubt: Wie unsere Nahrung ihre Unschuld verliert.* Stuttgart: Hirzel.
36 Peciña, S. et al. (2003): Hyperdopaminergic mutant mice have higher »wanting« but not »liking« for sweet rewards. *J Neurosci*, 23 (28), 9395–402.
37 Moore, K. L.; Agur, A. M. R. (2007): *Essential Clinical Anatomy*. Third Ed. Lippincott Williams Wilkins.
38 Birch, L. L. (1993): Effects of a Nonenergy Fat Substitute on Children's Energy and Macronutrient Intake. *American Journal of Clinical Nutrition,* 58, 326–330.
39 https://www.stephenporges.com/articles
40 Frank, G. (2008): *Lizenz zum Essen,* 144.
41 Seidel, N. (1999): *Veränderung der Herzratenvariabilität bei Entspannungsübungen: Eine kontrollierte Studie zur Wirkung der funktionellen Entspannung auf das autonome Nervensystem bei Patienten mit Asthma bronchiale und psychosomatischen Störungen.* Universität Erlangen-Nürnberg: Dissertation.
42 Becker, P. (2006): *Gesundheit durch Bedürfnisbefriedigung.* Göttingen: Hogrefe.
43 Siehe Kuhl, J. (2009).
44 Siehe Kuhl, J. (2009).
45 Field, T. et al. (1986): Tactile-Kinesthetic Stimulation Effects on Pre-Term Neonates. *Pediatrics,* 77, 654.
46 Harlow, H. (1958): The Nature of Love. *American Psychologist,* 13, 673.
47 Stefano, G. B. et al. (2008): Anticipatory Stress Response: A Significant Commonality in Stress, Relaxation, Pleasure and Love Responses. *Med Sci Monit,* 14 (2), RA17–21.
48 Weaver, I. C. (2009): Epigenetic Effects of Glucocorticoids. Semin Fetal Neonatal Med, 14 (3), 143–150. Weaver, I. C. (2007): Epigenetic Programming by Maternal Behavior and Pharmacological Intervention. Nature Versus Nurture: Let's Call the Whole Thing off. *Epigenetics,* 2 (1), 22–28.
49 Siehe Kromm, W.; Frank, G.; Gardinger, M. (2009).
50 Holst, E.; Friedrich, M. (2017): *Führungskräfte-Monitor 2017.* Berlin: Deutsches Institut für Wirtschaftsforschung.

51 Sapolsky, R. M. (1998): *Warum Zebras keine Migräne kriegen.* München: Piper, 238.
52 NZZ Campus (2008): Frühling, S. 18, Anzeige Treuhandkammer.
53 Steger, B. (2007): Inemuri. *Wie die Japaner schlafen und was wir von ihnen lernen können.* Reinbek: Rowohlt.
54 NZZ Campus (2008): Frühling, 18, Anzeige Treuhandkammer.
55 Förster, J.; Liberman, N.; Friedman, R. (2009): What Do We Prime? On Distinguishing Between Semantic Priming, Procedural Priming, and Goal Priming. In: Morsella, E.; Bargh, J.; Gollwitzer, P. (Hrsg.): *Oxford Handbook of Human Action.* Oxford: Oxford University Press, 173–193.
56 Kay, A.; Wheeler, C.; Bargh, J.; Ross, L. (2004): Material Priming: The Influence of Mundane Physical Objects on Situational Construal and Competitive Behavioral Choice. *Organizational Behavior and Human Decision Processes,* 95, 83–96.
57 Bargh, J.; Chen, M.; Burrows, L. (1996): The Automaticity of Social Behavior: Direct Effects of Trait Concept and Stereotype Activation on Action. *Journal of Personality and Social Psychology,* 36, 147–168.
58 Bargh, J. (2002): Losing Consciousness: Automatic Influences on Consumer Judgement, Behavior, Motivation. *Journal of Consumer Research,* 29, 280–285.
59 Hauk, O.; Johnsrude, I.; Pulvermüller, F. (2004): Somatotopic Representation of Action Words in Human Motor and Premotor Cortex. *Neuron,* 41, 301–307.
60 Storch, M. (2011): *Das Geheimnis kluger Entscheidungen. Von Bauchgefühl und Körpersignalen.* München: Piper.
Storch, M. (2016): *Machen Sie doch, was Sie wollen! Wie ein Strudelwurm den Weg zu Zufriedenheit und Freiheit zeigt.* Göttingen: Hogrefe.
61 Dick, A. (2003): *Psychotherapie und Glück. Quellen und Prozesse seelischer Gesundheit.* Bern: Huber.
62 Latham, G.; Kinne, S. (1974): Improving Job Performance Through Training in Goal Setting. *Journal of Applied Psychology,* 59, 187–191.

63 Stajkovic, A.; Locke, E.; Blair, E. (2006): A First Examination of the Relationship Between Primed Subconscious Goals, Assigned Conscious Goals, and Task Performance. *Journal of Applied Psychology*, 91, 1172–1180.

64 Stajkovic, A.; Locke, E.; Blair, E. (2006): 1176.

65 Latham, G. (2007): *Work Motivation. History, Theory, Research, and Practice.* Thousand Oaks: Sage.

66 Scheffer, D.; Kuhl, J. (2006): *Erfolgreich motivieren. Mitarbeiterpersönlichkeit und Motivationstechniken.* Göttingen: Hogrefe.

67 http://www.felix-burda-stiftung.de/kampagne/kampagnenhistorie/index.php

68 Vgl. https://www.spiegel.de/wissenschaft/medizin/zecken-fsme-faelle-in-deutschland-auf-hoechststand-a-6a220ae0-fbfd-43e4-b826-d7480bea5081 sowie Oberlander TF (2008). Prenatal exposure to maternal depression, neonatal methylation of human glucocorticoid receptor gene (NR3C1) and infant cortisol stress responses. *Epigenetics*, 3(2), 97–106.

69 Ermlich, G.: Die Killer-Kokosnuss. *Die Zeit.* Nr. 47, 13. 11. 2003.

70 Frank, G. (2008): *Lizenz zum Essen.* 104.

71 Frank, G. (2008): *Lizenz zum Essen.*

72 Siehe Pollmer, U.; Warmuth, S.; Frank, G. (2003): 318.

73 Siehe Pollmer, U.; Warmuth, S.; Frank, G. (2003): 356.

74 Gadamer, H.-G. (1993): *Über die Verborgenheit der Gesundheit.* Frankfurt a. Main: Suhrkamp.